최고의
은퇴 기술

최고의 은퇴 기술

1판 1쇄 발행 2017년 9월 5일 글 하창룡 펴낸이 최향금 펴낸곳 작은서재
등록 제2013-29호 주소 서울시 도봉구 노해로70길 54, 1908-306 전화 02-6061-0124 팩스 02-6003-0025
ISBN 979-11-87831-02-0 13320

※ 잘못된 책은 구입한 곳에서 바꿔 드립니다.

이 도서의 국립중앙도서관 출판예정도서목록(CIP)은 서지정보유통지원시스템 홈페이지(http://seoji.nl.go.kr)와 국가자료공동목록시스템(http://www.nl.go.kr/kolisnet)에서 이용하실 수 있습니다.(CIP제어번호: CIP2017019606)

돈 걱정 없는 노후를 위한 생애 재설계 지침서

최고의 은퇴기술

하창룡 지음

작은서재

프롤로그

백세시대 반반백세

은퇴 설계는 언제부터 해야 할까

수많은 사람들이 은퇴에 대해 이야기한다. 백세시대와 은퇴라는 화두가 일상이 된 지는 이미 오래다. 은퇴는 어느 누구도 피할 수 없는 필연이지만, 정작 은퇴가 눈앞에 닥칠 때까지 자신의 일로 받아들이고 대비하는 이는 드물다.

흔히 은퇴 자금 마련은 40대의 주요 재무 목표 중 하나이고, 본격적인 노후 생활 준비는 50대에 하면 된다고 말한다. 그러나 이는 완전히 잘못된 생각이다. 재무 설계를 시작하는 시기는 빠를수록 좋다. 은퇴 설계 역시 마찬가지다.

다시 말해 취업과 동시에 재무 설계를 시작한다면, 그 재무 설계에는 반드시 은퇴 설계가 포함되어 있어야 한다. 만약 은퇴 준비를 어떻게 해야 할지 고민 중이라면 지금 당장 은퇴 설계를 시작해야 한다.

뒤늦게 은퇴 준비를 고민하는 사람들 대다수가 은퇴 자금을 마련하는 것이 곧 은퇴 준비라고 생각한다. 그러나 '돈'이 행복을 위한 중요한 요소임에 분명하지만 그 자체가 행복은 아니듯, 은퇴 자금 또한 은퇴를 준비하는 데 중요한 몫을 담당할 뿐 은퇴 준비의 전부는 아니다. 은퇴 자금의 준비와 함께 '어떻게 살 것인가?'에 대한 문제가 해결되어야 한다.

경기 불황, 고용 불안정, 수명 연장 등이 계속되는 상황에서 은퇴 자금을 마련하는 것도, 은퇴 이후 어떻게 살지 준비하는 것도 단시간에 해결하기는 어려운 문제다. 따라서 하루라도 빨리 은퇴 이후의 삶을 계획하고 준비하는 것만이 최선이다.

그러나 우리는 교과서에서 은퇴를 어떻게 준비해야 할지 배우지 못했다. 시중에 쏟아져 나오는 은퇴와 관련된 책에는 인구, 사회, 경제 환경의 변화에 대한 수많은 이론과 통계가 실려 있다. 좋은 말, 맞는 말, 정말 내게도 일어났으면 싶은 드라마 같은 경험담들이 나온다. 고개를 끄덕이게 하기도, 소위 심쿵하게 만들기도 하지만 정작 내게 필요한 구체적인 방법을 제시해주지는 않는다.

과연 몇 살까지 살 수 있을까

우리 부모님 세대는 은퇴 준비의 필요성은 고사하고 그 개념조차 생각해본 적이 없었고, 굳이 따진다면 자식 농사 잘 짓는 것이

유일한 은퇴 준비였다. 내 부모님 또한 여느 부모님과 다르지 않았다. 나는 알츠하이머와 뇌출혈로 요양원 신세를 지고 계시는, 올해 여든일곱인 아버지와 여든하나인 어머니의 간병비와 노후를 책임져야 한다. 또한 언제 독립할지 알 수 없는 두 딸의 양육을 책임져야 하며, 100세가 기본이라는 나와 아내의 노후를 준비해야 한다.

나는 2004년부터 재무 설계 강의를 시작했다. 2015년부터는 이와 더불어 은퇴 설계 강의를 하면서, 갓 입사한 신입사원부터 정년퇴직을 목전에 둔 최고 선임자에 이르기까지 다양한 교육생들을 만날 수 있었다. 그들과 함께 고민을 나누고 시간을 보내면서 나는 그들의, 내 부모님과 나의, 그리고 내 아이들의 은퇴에 대해 많은 생각을 하게 되었다.

'백세시대'란 말이 처음 등장했을 때만 하더라도, 장수명 시대를 일컫는 다소 과장된 비유에 불과했을 뿐, 실제로 인간의 평균수명이 100세에 이를 것이라 기대하는 사람은 많지 않았을 것이다. 두산백과의 정의에 따르면 평균수명이란 "어떤 연령의 사람이, 평균해서 몇 년 살 수 있는가 하는 기댓값으로 0세의 평균여명(平均餘命)"을 말한다.

여기서 평균수명은 사망률이 변화하지 않는 것으로 가정하고 산출하는데, 실제로는 세계적으로 사망률이 해마다 낮아지고 있어서 실제보다 과소평가된 수치로 나타나고, 또 연대에 따라 연장되고 있다. 이런 이유로 언제부턴가 평균수명보다 최빈사망연령에 대한 통계가 더 많이 인용되기 시작했다. 최빈사망연령이란 사망연령의 최빈치, 즉 한 해 동안 가장 많은 사망자가 발생한 연령을 말한다. 평균수명이 사고사와 질병사를 포함한 미래의 사망률을 예측하여 계산해낸 수치인 데 반해, 최빈사망연령은 실제 사망연령의 최빈치를 나타내는 것이다. 다시 말해 예측이 아닌 우리 눈앞의 현실을 반영한 것이다. 최빈사망연령이 2020년에 이르면 90세가 될 것이라고 전망되고 있다. 결국 우리에게 백세시대는 현재진행형이다.

실제로 중장년들은 백세시대를 어떻게 생각할까? 매년 1,000명 이상의, 정년을 앞둔 임직원들을 대상으로 은퇴 설계 관련 교육을 진행해오면서 100세까지 사는 것에 대해 어떻게 생각하냐고 물어본다. 그러면 대부분 "에이, 100세는 무슨!"이라며 수긍하지 못한다. 심지어 어떤 분들은 "지금 죽어도 호상이지!"라는 말로 강의실을 웃음바다로 만든다.

그러나 장수시대와 관련된 각종 통계자료들을 제시하고, 일본의 93세 초밥 장인, 미국의 96세 미용사와 106세 이발사, 그리고 1927년생으로 올해 91세인 송해 선생님 등 고령임에도 현업에 종사하고 있는 사례들을 보여주면 이내 탄성과 탄식이 쏟아진다.

품격과 위신을 갖춘 귀한 존재로 살아가자

나는 백세시대를 '반반백세(半半百歲)'라 부른다. 여기에는 세 가지 이유가 있다.

첫째, 불로장생은 인간의 오랜 꿈이었지만, 막상 현실에 가까워지자 우리는 그것이 단지 축복일 수만은 없다는 사실을 점차 깨닫게 되었다. 그것은 기대 반 우려 반의 현실로 다가오고 있다. 이것이 내가 백세시대를 '반반(半半)'백세라 칭하는 첫 번째 이유이다.

둘째, 100년의 생애를 4등분해보면 출생에서부터 사회로 나가기까지의 준비기가 짧게 보아도 25년이고, 26세 이후부터 시작되는 본격적인 경제 활동기가 25년이다. 또 51세 이후 조기 퇴직을 맞거나, 운 좋게 정년을 채워 60세에 퇴직하더라도 여전히 경제활동을 멈출 수 없는, 대략 75세까지의 제2의 경제 활동기가 25년이다. 그리고 실제로 은퇴 생활을 영위해나갈 76세 이후 100세까지의 은퇴기가 25년이다. 준비기와 은퇴기를 더하면 50년, 본격적인 경제 활동기와 제2의 경제 활동기를 더하면 50년이다. 결국 반평생은 벌면서 살고, 반평생은 쓰면서 사니 반반백세이다. 이것이 백세시대를 반반백세로 칭하는 두 번째 이유이다.

셋째, 이제 현실로 다가온 장수명의 삶을 반반하게 살기를 바라는 마음으로 백세시대를 반반백세라 부르고자 한다. 국립국어원의 표준국어대사전에는 '반반하다'의 뜻을 다음과 같이 설명하고 있다.

1. 구김살이나 울퉁불퉁한 데가 없이 고르고 반듯하다.
2. 생김새가 얌전하고 예쁘장하다.
3. 물건 따위가 말끔하여 보기도 괜찮고 쓸 만하다.

4. 지체 따위가 상당하다.

5. 일하는 것이 지저분하거나 말썽 될 것이 없이 깔끔하다.

6. 잠이 오지 아니하여 눈이 말똥말똥하다.

나이가 들어도 신진대사가 고르고, 주름 없는 얼굴과 반듯한 육신은 물론이거니와 너그럽고 온화하며 구김살 없는 마음과 울퉁불퉁하지 않고 온화한 성격, 고르고 반듯한 판단력을 잃지 않는 100세의 삶이길 바란다.

추하지 않고 예쁘장하게 곱게 늙어가길 바라며, 변화에 적응하지 못한다고 나이가 많다고 기력이 떨어졌다고 용도 폐기 당하지 않고, 나이가 들수록 필요하고 말끔하여 보기도 괜찮고 쓸 만한 사람으로 살아가길 바란다.

상당한 품격과 위신을 갖추고, 가족과 사회에 말썽스럽지 않은 귀한 존재로 살아가길 바란다.

차례

• 프롤로그 - 백세시대 반반백세

1 인생 후반전은 전반전과 달라야 한다

정년퇴직과 은퇴를 동일시하지 마라
구세대의 은퇴, 낀 세대의 은퇴 19 ┃ 해방 시점을 정하라 20

계속 일할 것인가, 연금으로 살아갈 것인가
막연한 두려움 VS 대책 없는 낙관 22 ┃ 생수 한 병으로 한 달을 버텨야 한다면 25

변화를 받아들이고 마음의 근력을 키워라
나이는 숫자에 불과하지 않다 27 ┃ 한순간에 변하는 것들 28 ┃ 문제는 마음의 병이다 30

인간관계의 중심축을 다시 잡아라
퇴직 이후 찾아오는 가족의 위기 33 ┃ 가부장적인 태도는 이제 그만! 35 ┃ 남성 갱년기의 시작, 아담증후군 36 ┃ 삼식이증후군은 황혼이혼의 주범 37 ┃ 지렛대의 원리를 생각하자 38

건강하지 못한 장수는 재앙이다
건강이 허락한다면…… 40 ┃ 건강을 위한 기본정석 41 ┃ 죽음보다 무서운 병, 치매 43

인생 후반전, 삶의 이미지를 그려라
내가 삶의 주인공이다 47 ┃ 내가 원하는 삶을 살았더라면…… 49 ┃ 삶을 누리는 시간을 소중히 여기자 51 ┃ 나의 노후에 활용할 자산은 무엇일까 53

자서전을 쓰고 버킷 리스트를 만들자
과거를 돌아보자 54 | 내 안에 잠든 나를 깨워라 55

전원생활의 이상과 현실
저 푸른 초원 위에 그림 같은 집을 짓고? 59 | 아내는 왜 시골을 싫어할까 60 | 단계적 귀농을 고려해보자 62 | 공동체 문화, 관계 중심의 문화를 받아들여라 63

2 재무 설계를 하면 노후 걱정이 확 줄어든다

왜 노후 준비가 제대로 안 되는 것일까
중장년층이 안고 있는 세 가지 문제점 67 | 퇴직 이후의 생애 재설계를 하지 않고 있다 68 | 각종 사회보장제도에 대한 이해가 부족하다 69 | 돈(재무)에 대한 지식이 부족하다 71

월급만으로 노후 자금을 마련할 수 있을까
10억 원은 있어야 한다고? 73 | 4인 가족이 한 달에 140만 원으로 30년간 살아야 한다면 74 | 공포 마케팅에 휘둘리지 마라 76

자녀 독립일이 실질적인 은퇴일이다
부모, 정년 없는 평생 직업 78 | 마지노선을 그어라 80 | 삼중고를 안고 있는 현 부모 세대 82 | 자녀 양육의 책임 범위와 독립 시기 정하기 84

자녀 독립을 위한 구체적인 재무 목표를 세워라
재무 목표부터 점검하자 86 | 자산부채 현황표를 만들어보자 88 | 현금흐름표를 만들어보자 89

노후 자금, 과연 얼마나 필요할까
총액이 아니라 월 고정 지출 개념에서 출발하라 91 ┃ 수입의 변화 시점을 파악하라 92 ┃ 지출의 변화 시점을 파악하라 93

나의 노후 자금은 얼마나 부족한지 계산해보자
퇴직 이후 고정 소득은 얼마나 될까 96 ┃ 부족한 노후 자금을 충당하는 세 가지 방법 99

퇴직금을 노리는 가장 무서운 적은
독립심을 키우고 뚜렷한 목표를 갖게 하라 104 ┃ 효도는 습관이다 106

3 퇴직 후 연금으로 먹고살려면

국민연금, 최대한 많이 받자
보험료를 납부하기 힘들다면 납부 예외 신청을 하자 111 ┃ 실업크레딧제도를 활용하자 113 ┃ '밀당'이 가능한 국민연금 114 ┃ 조기연금이 좋을까, 연기연금이 좋을까 117

덜 받거나 나눠 받거나 못 받을 수도 있다
다른 소득이 있으면 덜 받는다 119 ┃ 이혼한 배우자와 나눠 갖는다고? 121 ┃ 노령연금과 유족연금 둘 중 하나만 받는다 122

퇴직연금, 제대로 알아두자
퇴직금 얼마나 받을지 계산해보자 124 ┃ 퇴직 시 유의해야 할 절차 125 ┃ 일시금으로 받을까, 연금으로 받을까 126 ┃ 확정급여형과 확정기여형을 구분하자 127 ┃ 개인형 퇴직연금을 개인연금처럼 이용하자 129 ┃ 퇴직연금 세액공제 혜택 131

개인연금으로 노후를 더 튼튼하게
국민연금과 퇴직연금을 보완하는 안전장치 132 ┃ 개인연금은 보험회사의 전유물이 아니다 133 ┃ 세액공제를 받는 연금저축 상품 134 ┃ 연금저축, 다른 상품으로 갈아타기 136 ┃ 비과세 혜택을 받는 세제 비적격 연금 137

주택연금, 집 한 채로 보장받는 노후
왜 주택담보대출이 아니라 주택연금인가 138 ┃ 가입 자격은 어떻게 되나 141 ┃ 얼마나 받을 수 있을까 142 ┃ 담보대출이 있어도 가능한가 142 ┃ 중도해지도 가능한가 144 ┃ 이사를 가야 한다면 145

퇴직하면 실업급여부터 챙기자
모든 실직자에게 실업급여를 주는 건 아니다 147 ┃ 실업급여를 받기 위한 세 가지 조건 148 ┃ 재취업(구직) 활동을 인정받으려면 150

실업급여는 얼마나 언제까지 받을 수 있나
얼마나 받을 수 있나 152 ┃ 언제까지 받을 수 있나 153 ┃ 구직급여를 받는 중 소득이 발생하면 154 ┃ 부정수급으로 소탐대실하지 마라 155

4 세금은 줄이고 보험은 실속 있게

세금을 알면 연금 액수가 늘어난다
연금과 관련된 세금 159 ┃ 소득공제와 세액공제 160 ┃ 종합과세와 분리과세 162 ┃ 국민연금을 받을 때도 세금을 낸다고? 163 ┃ 개인연금 연간 수령액은 1,200만 원을 넘지 않게 166 ┃ 연금 수령 한도 초과 금액은 기타소득으로 분류 167 ┃ 연금보험은 10년 이상 유지하자 169

무엇을 물려줄 것인가
상속세 걱정은 행복한 고민? 170 | 유일한 회장이 자식들에게 상속한 것은 172 | 물려줘야 할 소중한 것 173

어떻게 물려줄 것인가
전 재산을 기부하면 가족들은 한 푼도 못 받을까 175 | 분쟁 없는 상속을 위한 유언장 176

상속할 것인지 증여할 것인가
상속은 사후에, 증여는 생전에 180 | 상속세 계산 방법 181 | 증여세 계산 방법 184 | 상속과 증여, 어떤 방법을 택할까 185 | 사전증여 시 주의할 점 186

어쩔 수 없이 부채를 상속받게 된다면
부채도 상속 재산이다 188 | 부채 상속을 피하려면 189 | 상속을 포기하면 채무는 소멸되나 190

노후에 달라지는 보험의 의미
보험, 노후를 위한 저축인가 192 | 종신보험은 본연의 기능에 충실하게 193 | 은퇴 후에도 종신보험이 필요한가 194 | 꼭 필요한 실손의료보험 196 | 325간편심사보험(유병자 보험) 198 | 허울뿐인 간병보험 199

퇴직 이후 건강보험료
건강보험료를 줄이려면 201 | 있어도 안 내고, 없어도 내는 건강보험료 202 | 건강보험료 부과체계 개편 203 | 직장가입자의 피부양자 등재 조건 강화 204 | 고소득 직장인 건강보험료 인상 205

5 행복한 노후와 아름다운 마무리

노는 방법을 모르면 시간을 주체할 수 없다
놀이를 배우자 209 ｜ 차고 넘치는 여가 211

지속적으로 배우고 함께 나누자
배우고 익히면 기쁘지 아니한가! 213 ｜ 봉사활동이 가져다주는 변화 214 ｜ 선한 일을 하면 장수한다 216

다양한 활동을 위한 네 가지 선택 기준
자신의 흥미, 관심, 개인적 여건을 고려하라 219 ｜ 삶에 도움을 줄 수 있는 분야인가 220 ｜ 전문가 수준까지 발전시킬 수도 있는가 220 ｜ 정적인 활동과 동적인 활동의 균형을 고려하라 221

사기, 조심 또 조심하자
사기 범죄는 쌍방 과실? 223 ｜ 부정이나 허황된 효과에 대한 기대 224 ｜ 탐욕으로 인한 사기 225 ｜ 사기 범죄 피하는 법 226

노후를 의탁할 곳
누구랑 노후를 보낼까 228 ｜ 요양병원과 요양원의 차이 230 ｜ 실버타운 234 ｜ 주야간보호센터와 방문요양서비스 236

삶의 마침표, 웰다잉을 고민하자
웰빙의 마지막 단계는 웰다잉 237 ｜ 존엄한 죽음을 위한 웰다잉법 238 ｜ 웰다잉을 위한 사전 준비 240

● 에필로그 - 여유로운 태도로 마음 따뜻한 겨울을 기다리자 243

1
인생 후반전은 전반전과 달라야 한다

> 정년퇴직과
> 은퇴를 동일시하지 마라

구세대의 은퇴, 낀 세대의 은퇴

노후 준비니 은퇴 설계니 하는 생애 재설계 개념이 없었던, 아니 그런 개념이 필요 없었던 우리 부모님 세대는 어쩌면 지금의 베이비붐 세대보다는 행복하지 않았을까?

그땐 그랬다. 어렵더라도 일단 취직을 하면, 제 발로 뛰쳐나오지 않는 다음에야 대체로 한 직장에서 정년퇴직을 맞이할 수 있었다. 2~3대가 한 지붕 아래 살았고, 부모 봉양이 당연하던 시절이었다. 퇴직 후에는 아들, 딸, 손자, 손녀와 한가로이, 때론 티격태격하며 노후를 보내다 생을 마감했다. 생계를 위한 노후 자금도, 홀로 늙어가는 고독도, 각종 노인성 질병도 큰 고민거리가 아니었던 그런 때가 있었다.

그런데 소위 '낀 세대'라 불리는 지금의 베이비붐 세대는 위로는 부모님 봉양을, 아래로는 자녀 양육을 책임져야 한다. 그러면서 자신의 노후 또한 스스로 준비해야 한다. 90을 넘어 100세를 바라보는 장수명 사회, 어느덧 백세시대가 먼 미래가 아닌 당면한 현실이 되어버렸다. 환갑이라고 잔치를 벌였다간 비웃음거리가 되는 시절인 것이다. 이제 우리가 익히 알고 있는 '은퇴'라는 단어의 의미를 곰곰이 되새겨보아야 하지 않을까?

해방 시점을 정하라

'은퇴'란 직임에서 물러나거나 사회활동에서 손을 떼고 한가히 지냄을 의미하는 것으로, 단순히 직장을 그만두는 것을 의미하는 '퇴직'과는 차이가 있다. 1970년 기준 우리나라 사람의 평균수명은 61.9세에 불과했다. 당시 55세 정년퇴직은 곧 은퇴를 의미했고, 은퇴 이후 몇 년 남지 않은, 소위 여생(餘生)을 조용히 보내다 생을 마감하는 것이 일반적이었다. 그러나 이제는 은퇴를 하고 싶어도 할 수가 없게 되었다. '남은 생'이라 부르기엔 은퇴 이후의 삶이 끔찍하게 길어졌기 때문이다. 이것이 은퇴 이후의 삶에 대한 계획과 준비가 절실해진 까닭이다.

은퇴 계획을 수립하는 데 중요한 것은 시기 구분이다. 여기서 기준이 되는 것은 노동시장에서 물러나는 '은퇴 시점'과 자녀에 대한 부양 의무에서 벗어나는 소위 '해방 시점'이다. 경제활동을 중단하는 은퇴를 기준으로 '소득'의 변화가 발생하며, 자녀들이 모두 경제적으로 독립하고 배우자와 자신만이 남아 가계를 꾸려가는 해방 시점을 기준으로 '지출 구조'가 변화하기 때문이다.

정년퇴직과 은퇴, 해방 시점은 개인의 사정에 따라 일치할 수도 있고, 다를 수도 있다. 자녀의 독립이 빠르고 충분한 은퇴 자산이 준비되어 있다면 정년퇴직이 곧 은퇴일 수도 있다. 하지만 자녀 뒷바라지 기간이 길어지고 은퇴 자산을 준비하지 못했다면 정년퇴직은 물론이고 해방 시점이 지나도 여전히 노동시장을 기웃거려야 할 수도 있다.

경기 침체와 고용 불안 속에 희망퇴직, 명예퇴직, 구조조정의 칼바람을 피하는 노하우가 신의 경지에 이르렀다 해도, 정년이 닥치면 퇴직을 피할 수는 없다. 또 정년 이전에 어떤 형태로든 퇴직을 하고 어렵게 재취업을 했다 하더라도 정년퇴직만큼은 그 누구도 피할 수 없는 현실이다.

이처럼 정년퇴직은 누구에게나 닥쳐오지만 아직 몸과 마음이 젊고 정년까지 긴 세월이 남았다고 생각해서, 혹은 어차피 정년까지 직장에서 버틸 수 없을 것이라 생각하기 때문인지 정년을 미리 준비하는 사람은 극히 드물다. 하지만 아직 정년이 되지 않았다면, 현재 일을 하고 있든 새로운 일자리를 알아보는 중이든, 지금 이 순간부터 정년까지 무엇을 준비해야 할지 반드시 생각해보아야 한다.

> # 계속 일할 것인가,
> # 연금으로 살아갈 것인가

⌐ 막연한 두려움 VS 대책 없는 낙관

　정년퇴직 후 계속 일할 것인지, 연금으로 살아갈지 고민하고 있다면 아마도 행복한 사람일 것이다. 몸과 마음이 건강해서 본인이 원한다면 계속 일할 수 있다거나, 일선에서 물러나도 연금만으로 생활할 수 있다면 이런 고민은 고민도 아니다. 비록 정년 이전보다 월급이 적더라도 안정적인 일자리만 구할 수 있다면, 풍족하게 떵떵거리며 살 수는 없더라도 연금만으로 생활할 수 있다면 말이다.

　퇴직을 앞둔 사람들이 경계해야 할 두 가지 대표적인 감정은 막연한 두려움과 대책 없는 낙관이다. 그동안 적게 벌었든 많이 벌었든 이제 당장 현실로 닥쳐올 소득 단절에 대한 두려움은 어쩌면 공포에 가깝다. 월급이 10~20% 정도만 감봉되어도 가슴이 답답할 노릇인데, 월급이 아예 사라진다면 눈앞이 캄캄할 노릇이 아니겠는가!

이처럼 실체를 알 수 없는 막연한 두려움에 떠는 사람들이 있는 반면, '산 입에 거미줄 치랴'라며 지금까지 그럭저럭 살아왔으니 앞으로도 어떻게든 살아갈 수 있을 거라며 뾰족한 대책도 없이 마냥 낙관하는 이들도 있다. 또는 이런 상반된 감정과 태도가 혼재하거나 교차되는 모습을 보이는 사람도 있다.

실제로 퇴직을 앞둔 사람들에게 정년퇴직 이후의 계획을 물어보면 비슷한 대답을 들을 수 있다.

"벌써 정년퇴직이라니 걱정이 앞섭니다. 아무것도 준비가 안 되었는데, 정신 멀쩡하고 팔다리 튼튼할 때 한 푼이라도 더 벌어야죠. 퇴직하면 바로 재취업해서 가능하다면 적어도 70세까지는 일할 생각입니다."

"저는 이제 정년퇴직하면 아무것도 안 하고 편안하게 놀 생각입니다. 첨에 이 회사에 들어올 때는 딱 3년만 일해서 땅 살 돈만 모으면 고향에 돌아가서 농사나 지으며 살려고 했는데, 결혼하고 자식 낳고 어영부영하다 보니 벌써 35년이나 흘렀습니다."

그런데 이와 달리 노후 준비가 어느 정도 되었느냐는 질문에는 엇갈린 대답들이 나온다.

소득 단절에 대한 두려움 때문에 70세까지 일하겠다는 분은 이렇게 말한다.

"준비해둔 게 뭐 있어야죠. 고향에 부모님이 물려주신 땅이 조금 있습니다. 전답이 한 이삼천 평쯤 되고, 부모님이 사시던 조그만 집이 한 채 있으니, 우리가 살고 있는 아파트랑 하나 있는 원룸은 팔아서 자식들에게 나눠주고 고향에 가서 살까 합니다."

그런데 퇴직을 한 뒤 편안하게 살겠다는 분은 오히려 이렇게 말한다.

"노후 준비는 생각도 못해봤습니다. 아직 막내가 대학교 3학년이고, 큰놈은 졸업한 지 한참 지났는데 취직도 못하고 결혼도 안 하고 있네요. 뭐 어떻게 되겠죠."

결론적으로 말해 준비된 퇴직이라면 두려워할 이유가 없지만, 그렇지 못한 퇴직은 굶어 죽을 정도는 아닐지 모르겠지만 죽을 만큼 고통스러울 수 있다. 다시 말해 계속 일할 것인지, 일을 한다면 어떤 일을 할 것인지, 그리고 연금만으로 생활이 가능할 것인지 등의 여부는 퇴직 이후의 생활에 대한 준비 정도에 달려 있다.

생수 한 병으로 한 달을 버텨야 한다면

2016년 8월에 개봉한 〈터널〉이라는 영화에서 주인공은 무너진 터널 속에 갇힌다. 아찔한 붕괴 사고에서 천운으로 목숨은 건졌지만 살아서 터널을 벗어날 길이 막막하다. 마침 차 안에는 딸아이의 생일이라 준비한 케이크와 터널 진입 직전 주유소에서 받은 생수 두 병이 있다.

영화에서 주인공이 이 두 병의 생수를 마시는 모습이 무척 인상적이었다. 사고 직후 생수를 발견한 주인공은 놀란 가슴을 진정시키고 타는 듯한 갈증을 해소하고자 생수를 벌컥벌컥 들이킨다. 그러나 얼마 후 구조대와 통화가 이뤄지고, 자신이 구조되기까지 보름 이상 기다려야 한다는 말을 듣곤 생수병에 눈금을 그려넣는다. 그리고 매일 정해진 시간에 정해진 양만큼 생수병 뚜껑에 조심스럽게 물을 부어 마신다. 어쩌면 마신다기보다 입안을 적신다는 표현이 맞겠다.

그렇게 절박한 상황에서 입안을 적시듯 마신다면 시원함은커녕 더 심한 갈증을 느낄 것이고, 무엇보다도 단숨에 들이키고 싶은 욕구를 참아내기가 쉽지 않을 것이다.

재무 설계나 은퇴 설계를 하는 일 역시 생존에 필수적인 물을 남은 시간 동안 나눠 마실 수 있도록 생수병에 눈금을 그려넣는 행위와 다르지 않다. 조금만 생각해보면 우리에게 100년 동안 살 만큼의 충분한 자원이 없다는 사실을 분명하게 알 수 있다. 하지만 불확실한 미래를 위해 눈앞의 달콤한 유혹을 뿌리치고 고통을 감내

하기란 쉽지 않다.

    그나마 다행인 것은 은퇴란 터널의 붕괴처럼 발생 가능성이 매우 희박하고 예측조차 할 수 없는 불가항력적 사건이 아니라는 것이다. 우리가 좀 더 일찍 깨우치고 계획한다면 터널에 갇힌 영화 속 주인공과 달리 더 많은 생수를 준비할 수 있다. 마실 물이 넉넉하다면 차나 커피를 준비해서 여유를 즐길 계획을 세울 수도 있다. 그러므로 만약 당신의 생수병에 당장 마실 물밖에 없다면 아직 기회와 시간이 있을 때 물을 충분히 채울 수 있도록 부지런히 준비해야 할 것이다.

> 변화를 받아들이고
> 마음의 근력을 키워라

나이는 숫자에 불과하지 않다

매일 아침 거울을 보지만, 어제의 그 얼굴이 오늘의 이 얼굴이다. 분명 어제보다 하루만큼 늙어진 것이 당연하겠지만 그 차이를 식별하기는 어렵다. 그러나 10년 전 사진을 꺼내보면 완전히 다른 나를 발견할 수 있다.

그래서 20대부터 80대까지 공감하는, 그리고 애용하는 한마디가 있다. "10년만 젊었어도!"

실제로 한 설문조사 결과에 따르면, 타임머신이 있어 과거로 돌아갈 수 있다면 몇 년 전으로 가고 싶은지 물었더니 10년 전으로 돌아가고 싶다고 대답한 사람들이 가장 많았다고 한다.

예전에는 나이가 들어가면서 기억력이나 체력이 급격히 떨어지면 '하루가 다르다'는 말도 많이 했지만, 요즘은 신체 나이가 젊어지고 건강 수명이 늘어나면서 '늙어감'을 잊고 살아가는 사람들이 많아졌다. 그래서 이제 나이는 숫자에 불과하다고들 말한다.

일리 있는 말이다. 그러나 법정 정년인 만 60세가 되면 제아무리 젊은이들을 능가하는 능력이 있고, 젊은이들에게 뒤지지 않는 체력이 있고, 일하겠다는 의지가 넘쳐흘러도 일단은 주된 직장에서 물러나야만 한다. 그것이 법이란다. 그래서 나이 60은 단순한 숫자가 아니라 그야말로 특별하고도 비상한 의미를 가진다.

한순간에 변하는 것들

퇴직을 하면 많은 것들이 변한다. 그것도 숨 돌릴 틈도, 적응할 여유도 주지 않고 한순간에 변한다. 가장 먼저 찾아오는 변화는 하루아침에 갈 곳이 없어진다는 것이다. 그와 동시에 수십 년 동안 내 이름 석 자 앞에 붙어 있던 소속과 직책도 사라지고 그 자리에 '무기력한'이라는 형용사가 자리한다.

또한 감당할 수 없는 엄청난 시간이 생긴다. 직장에 다니는 동안은 주어진 업무를 정해진 시간 내에 처리해야만 하고, 이런저런 이유로 야근에 특근까지 하다 보면 여유 시간이라고는 찾아보기 힘들었다. 그런데 이제는 오늘 할 일, 내일 할 일이 따로 없으니 뭘 해도 시간이 남는다. 하루하루가 너무 길어 남는 시간을 주체할 수가 없다. 일찍 잠자리에 들어도 잠이 오지 않고, 늦잠을 자려고 애를 써봐도 새벽같이 잠에서 쫓겨난다. 지루했던 하루 해가 저물어가면 내일 하루는 또 무얼 하며 보낼까 걱정이 앞선다.

다음으로 직장 동료 중심의 인간관계가 친구나 가족 중심으로 변한다. 퇴직과 동시에 직장을 중심으로 형성되었던 사회적 관계망이 서서히 약화된다. 경우에 따라 차이는 있겠지만, 직장에 얽매여 생활해온 사람일수록 인간관계 또한 직장 동료를 중심으로 이뤄지기 마련이다. 친구들을 만날 시간이 따로 없다 보니, 같은 직장에서 함께 일하고, 어울려 밥 먹고 술 마시는 동료들이 친구들보다 가깝게 느껴졌다.

그러나 은퇴한 바로 그다음 날부터 출근을 하지 않아도 회사에서 전화 한 통 없다. 속된 말로 살아 있는지 죽었는지 아무도 궁금해하지 않는다. 불과 어제까지만 해도 외근이나 출장 때문에 반나절만 자리를 비워도 수시로 전화해서 이것저것 물어보던 동료들이었다. 그런데 이제 나는 회사에서 쓸모없는 존재가 되어버렸다는 생각에 우울증에 빠지기도 한다. 결국 퇴직을 하고 보니 의지할 사람은 가족뿐이고, 내 마음을 받아줄 사람은 친구뿐이다. 그렇게 자연스럽게 동료들과 멀어지고, 친구들과 가까워지게 된다.

주로 만나는 사람들이 바뀌니 자연스럽게 대화의 주제도 변한다. 서로의 건강을 염려하는 이야기, 가족과 어울려 살아가는 소소한 일상이 대화거리가 된다.

그렇다면 퇴직으로 인한 변화 중 가장 큰 충격으로 다가오는 것은 과연 무엇일까? 그것은 바로 소득의 단절이다.

일을 그만두면 월급이 안 나오는 것은 너무나 당연한 일이다. 이미 예견된 일이지만 가장 충격적인 변화이다. 소득의 단절은 오랫동안 가장으로서의 자존심을 지킬 수 있게 해준 경제력의 상실을 뜻한다는 생각에, 아무도 상처주려 하지 않지만 스스로 상처받는다.

문제는 마음의 병이다

이렇게 퇴직에 따른 여러 변화들을 살펴보는 이유는 미리 그것을 받아들일 수 있는 마음의 준비를 하기 위해서다. 특히 직장을 통해 형성된 사회적 관계망이 무너지면서 소외감과 상실감을 느끼고, 성격이 폐쇄적으로 변하며 우울증에 빠지기도 하는데, 이것은 퇴직이나 은퇴 자체의 문제가 아니라 그로 인해 생겨난 마음의 병에서 비롯된다는 것이다.

이미 퇴직한 사람이 출근하지 않는다고 찾는다는 건 말도 안 되는 일이고, 재직 중에 아무리 중요한 직책을 맡고 있었고 뛰어난 능력을 갖고 있었다한들 직장을 그만둔 사람에게 업무와 관련된 일을 물어올 리가 없지 않은가? 그것 때문에 존재감 상실과 소외감을 느낀다면 이는 자신이 만들어낸 마음의 병이다.

평소에도 분리 수거만큼은 자신의 일이라며 잘 도와주던 사람이, 음식물 쓰레기봉투를 들고 엘리베이터에서 이웃을 만나도 가정적인 남편임을 과시하듯 웃으며 먼저 인사를 건네던 사람이 퇴직한 뒤에는 집 안에만 틀어박혀 밖으로 나가려 하지 않는다. 혹시나 사람들을 마주치면 회사에서 쫓겨나 집에서 놀고 있으니 쓰레기봉투나 들고 다닌다고 비웃을 것 같다. 분리수거장에 모여서 웃으며 이야기 나누는 사람들도 마치 자기를 흉보고 있는 것 같다. 이 역시 자신이 만들어낸 마음의 병이다.

마음이 만들어낸 병에는 약이 없다. 그러니 애초에 만들지 않는 것이 상책이다. 마음의 병을 만들지 않기 위해서는 지금부터 퇴직으로 인해 초래될 다양한 변화를 긍정적으로 받아들일 수 있도록 마음의 근력을 키워야 한다.

마음의 근력을 키우는 다섯 가지 방법

- 건강 유지하기 : 건강한 신체에 건전한 정신이 깃든다. 몸이 건강해야 마음도 건강하다. 산책이나 가벼운 운동도 좋다. 등산이나 땀 흘리는 스포츠라면 더욱 좋다. 특히 등산이나 마라톤은 그 자체가 좋아서 즐긴다는 사람들도 있지만, 어쩌면 그것은 자신과의 고독한 싸움이다. 지치고 힘에 겨워 순간순간 주저앉고 싶은 순간들을 극복하고 정산에 오르거나 구간을 완주해내는 경험들을 통해, 육신의 건강뿐만 아니라 시련을 이겨낼 수 있는 강인한 의지도 함께 기를 수 있다.
- 피해의식 버리기 : 내게만 닥친 일이 아니라 누구에게나 닥치는 일이다. 피할 수 없는 현실이니 있는 그대로 인정하고 극

복할 방법을 찾아야 한다.
- 함께하고 나누기 : 같은 처지의 사람들과 함께 대안을 모색하고, 가족이나 친구들에게 생각을 털어놓고 진솔한 대화를 나눠라.
- 감사하는 마음 갖기 : 가진 것에 만족하고 일상의 작은 일에도 기뻐하고 감사하는 마음을 가져라.
- 남을 위해 봉사하기 : 나보다 더 어려운 이웃을 위해 봉사할 수 있는 것을 찾아보라. 연민을 나누고, 작은 정성을 나누고, 내가 가진 재능을 나누어줘라.

> **인간관계의 중심축을
> 다시 잡아라**

은퇴 이후 찾아오는 가족의 위기

　은퇴는 당사자뿐 아니라 아내를 비롯한 가족들에게도 하나의 큰 사건이다. 은퇴 이후 가족관계는 오랜 시간에 걸쳐 형성된 생활의 균형이 무너지면서 심각한 위기를 맞게 된다.

　우리나라 직장인들은 하루 24시간 중 잠자는 시간을 제외한 나머지 거의 모든 시간을 회사 또는 회사 업무와 관련된 장소(출장, 외근 등)에서 보낸다. 그러나 은퇴와 동시에 갑자기 활동무대가 직장에서 가정으로 옮겨진다. 남편의 출근과 동시에 온전히 아내만의 공간이었던 집이 부부가 함께하는 공간으로 변한다. 남편은 소위 돌봄의 대상이 되며, 이로 인해 아내의 생활 패턴이 무너진다.

퇴직을 맞은 남편은 이제 새벽밥을 먹고 출근할 필요가 없지만, 여전히 새벽 6시가 되면 저절로 눈이 떠진다. 30년 이상 길들여진 습관 때문이다. 동시에 이제 느긋하게 늦잠을 잘 수 있을 거라 생각했던 아내의 기대도 무너진다.

어디 그뿐이랴. 지금까지 아내는 남편을 출근시키고 설거지와 집 안 청소가 끝나면 편안하게 소파에 기대앉아 아침 드라마를 보기도 했다. 스포츠센터에 가서 수영을 하거나, 친구들을 만나서 점심도 먹고 커피 한잔의 여유를 즐길 수도 있었다. 오후에는 봉사활동을 가거나 문화센터에서 강의를 듣기도 하고 때론 낮잠을 한 숨 잘 수도 있었다.

그런데 남편의 퇴직과 함께 모든 일상이 엉망이 돼버렸다. 소파는 이미 남편이 점령했고, 텔레비전 리모컨도 그의 손에 들려 있다. 오전 내내 비몽사몽 중에 채널을 돌리다가 살짝 잠이 들어도 리모컨만큼은 놓지 않는다. 그러다가 정각 12시가 되면 남편은 어김없이 배가 고프다며 아내를 찾는다. 이렇게 하루 종일 하는 일 없이 빈둥거리던 남편의 입이 열리면 상황은 더 나빠진다. 집에 왜 과일이 떨어졌느냐, 유통기한이 지난 우유는 왜 버리지 않고 냉장고에 뒀느냐, 김치통 뚜껑을 왜 제대로 안 닫았냐는 둥. 참다 못한 아내는 잔소리 좀 그만하라며 언성을 높이고 결국 한판 부부싸움이 벌어진다.

아내와 1차전을 마친 남편은 이제 자녀와의 2차전을 준비한다. 아침밥 먹고 방에 들어가 코빼기도 보이지 않는 아들, 대학을 졸업한 지 1년이 지났는데 취업 준비는 어떻게 돼가는지 걱정스럽다. 궁금한 마음에 눈치 없이 아들 방문을 열고 들어가자 '아빠는 노크도 할 줄 모르냐'는 면박이 날아온다. 그래도 꾹 참고 취업 준비는 잘 돼가느냐고 물어보지만, 누군 취직하기 싫어서 안 하고 있는 줄 아느냐고, 알아서 할 테니 내버려두라며 짜증을 낸다. 아버지한테 말버릇이 그게 뭐냐고 꾸중하기가 무섭게 아들은 문을 박차고 나가버린다.

아내에 대한 관심과 자녀에 대한 걱정은 그들에게는 쓸데없는 잔소리와 간섭이 되고 만다. 퇴직을 하고 돈을 못 버니 가장으로서의 권위마저 무너지고 직장에서뿐만 아니라 집안에서도 설 자리가 없어졌다는 생각이 들고, 내가 이러려고 가장이 되었나 싶어 자괴감마저 든다.

가부장적인 사고는 이제 그만!

"왜 남자들보고만 아내를 이해해라, 집안일을 도와라, 요리도 배워라 하는지 모르겠습니다. 가족들을 위해 40년 가까이 뼈 빠지게 일했습니다. 그만큼 했으면 이제 집에서 아내가 차려주는 밥 세 끼 정도는 받아먹을 수도 있는 것 아닙니까? 그게 뭐가 문제라고 '삼식(三食)'이니 뭐니 한단 말입니까!"

퇴직한 남편의 이유 있는 항변이다. 하지만 그들의 이의 제기에도 불구하고, 가사 분담에 대한 우리 국민들의 의식은 변하고 있다. 2016년 12월 13일자 〈이데일리〉 기사에 따르면 "가사 분담은 공평하게 해야 한다"고 생각하는 사람은 53.5%로 2년 전 47.5%에 비해 6.0% 증가했으며, 가사를 '부인 주도'로 해야 한다는 생각은 43.8%로 2년 전보다 6.4% 감소했다.

물론 아직도 현실은 의식의 변화를 따라가지 못하고 있다. 실제로 가사를 공평하게 분담하고 있다는 응답은 남편의 경우 17.8%, 아내의 경우 17.7%에 불과했다. 이는 같은 해 12월 통계청이 발표한 '일가정 양립지표'에서도 나타난다. 맞벌이 가구의 가사노동 시간은 남자 40분, 여자 3시간 14분이었고, 비맞벌이 가구의 가사노동 시간은 남자 33분, 여자 6시간 16분이었다.

이쯤 되면 남편과 아내, 누구의 손을 들어줘야 할까? 분명한 건 이제 가부장적인 사고와 고루한 생각에서 벗어나 세상 따라 변해 갈 필요가 있다는 것이다.

남성 갱년기의 시작, 아담증후군

남편의 퇴직 이후 발생하는 가족 간 갈등의 원인이 부쩍 늘어난 남편의 잔소리나 가사 분담에 대한 견해 차이에만 있는 것은 아니다. 중년에 접어들면서 일어나는 호르몬 변화도 갈등의 한 요인으로 지목된다.

중장년 이후 남성호르몬의 분비가 줄어들면서 남성에게 생기는 각종 증상을 통틀어 '아담증후군'이라고 한다(두산백과). 50대에 접어들면 아담증후군은 보통 남성의 여성화 성향으로 나타나기 시작하고, 60대가 되면 행동이나 태도가 훨씬 여성적으로 변하며, 70대에 이르면 신체에도 여성적인 모습이 나타나 젖가슴이 처지는 등 근육이 약해진다고 한다. 드라마를 보면서 자신도 모르게 눈물을 흘린다거나, 젊었을 때는 아주 활달하고 가부장적이던 남성이 나이가 들어서는 부인에게 꼼짝 못하고 온순해지는 현상도 아담증후군의 한 형태라고 볼 수 있다. 여성의 경우는 이와 반대로 여성호르몬의 분비가 줄어들어 남성화 성향이 나타나기도 한다.

그러므로 툭 하면 삐치고 시시콜콜 잔소리가 많아진 남편이, 평소에는 눈만 부라려도 찍소리 못하더니 갑자기 목소리를 높이고 달려드는 아내가 변했다고 생각하지 마라. 호르몬의 변화에 따른 자연적 현상이라는 사실을 인식하고 서로를 이해한다면 가족 간의 갈등은 크게 줄어들 것이다.

삼식이증후군은 황혼이혼의 주범

다들 '명절증후군'에 대해서 들어보았을 것이다. 이는 명절을 보내면서 생기는 스트레스로 인해 발생하는 정신적·육체적인 현상을 말한다. 이로 인해 '명절이혼'이라는 신조어까지 생겨났다. 2016년 통계청이 발표한 '최근 5년간 이혼통계'에 따르면 설 명절 다음 달인 3월과 추석 명절 다음 달인 10월에, 전달 대비 평균 이혼 건수가 11.5% 늘어나는 것으로 나타났다. 2015년 대법원 통계 또한 동일한 결과를 보여준다. 3월에 접수된 이혼 소송 건수가 2월에 비해

39.3%나 많았다.

그리고 명절이혼 이상으로 증가하고 있는 것이 '황혼이혼'이다. 황혼이혼은 결혼 기간이 20년이 넘는, 50대 이상인 부부의 이혼을 말하는데, 2015년 법원행정처가 펴낸 《사법연감통계》에 따르면 전체 연령대별 이혼 인구 중 29.9%에 달한다. 이는 이혼 부부 세 쌍 중 한 쌍이 황혼이혼이라는 것이다.

그런데 문제는 황혼이혼의 여러 원인 중에서 가장 큰 원인이 '퇴직남편재가증후군', 일명 '삼식이증후군'이라는 사실이다. 이는 남편이 은퇴 후 집에만 있게 되면서 부인이 받는 심리적 압박감과 스트레스로 인한 각종 증상을 말하는데, 은퇴 후 부부관계를 훼손하고 이혼에까지 이르게 만드는 가장 큰 주범이 되고 있다.

지렛대의 원리를 생각하자

퇴직이나 은퇴는 당사자는 물론 가족 모두에게 커다란 환경의 변화를 가져온다. 이러한 변화에 적응하고 새로운 질서가 형성되기까지는 시간이 필요하다. 그것도 마냥 흘려보내는 시간이 아니라 서로를 이해하려는 노력과 진솔한 대화를 나누는 시간이 요구된다.

가족 간의 대화에서 솔직함은 그야말로 기본이고, 서로에 대한 이해와 배려 역시 필수다. 이때 상대방을 진정으로 이해하고 배려하려면 환경이 변한 만큼 인간관계의 중심축도 변해야 한다.

| 인간관계의 지렛대 |

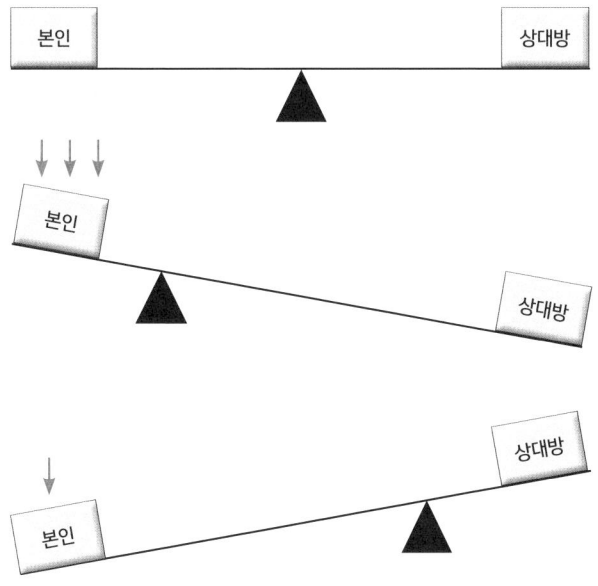

인간관계의 원리는 지렛대의 원리와 같다. 중심축을 자기 가까이 가져올수록 상대방을 움직이기가 어려워진다. 반대로 중심축을 상대방 가까이 옮겨갈수록 상대방을 움직이는 데 힘이 덜 든다. 다시 말해 자기중심적 사고로는 상대방을 이해하거나 상대의 마음을 움직이기 힘들다.

50~60년 동안 굳어져온 사고방식을 하루아침에 바꾸기는 쉽지 않을 것이다. 하지만 내 생각만 고집하고 가족에게 다가가지 못한다면 화목한 가정을 기대하기는 어려울 것이다.

> 건강하지 못한 장수는
> 재앙이다

건강이 허락한다면……

정년퇴직을 앞둔 이들에게 버킷 리스트를 물어보았을 때 백이면 백, 빠지지 않는 목록이 있다. 아마도 이 책을 읽고 있는 독자 여러분의 버킷 리스트에도 어떤 형태로든 포함되어 있을 것이다. 다들 짐작하겠지만, 만인이 꿈꾸는 버킷 리스트는 다름 아닌 여행이다.

그런데 퇴직 이후의 여행을 언급할 때는 거의 대부분 '건강이 허락한다면'이라는 전제가 붙는다. 건강이 허락한다면 해외여행을 가고 싶다, 건강이 허락한다면 배낭여행을 가고 싶다, 건강이 허락한다면 백두대간 종주를 하고 싶다, 전국일주를 하고 싶다 등등.

건강은 간절한 소망만으로 지켜지는 것이 아니다. 무엇을 통해 어떻게 관리해나갈지 구체적으로 계획하고 실천해야 지킬 수 있다. 은퇴 설계를 젊었을 때 시작해야 하듯, 건강을 위한 설계도 젊고 건강할 때 시작해야 한다. 그것이 최선이다. 건강은 회복하는 것보다 지키는 게 훨씬 수월하기 때문이다.

건강을 위한 기본정석

사람마다 건강 상태가 다르고 체질이 다르고 생활 스타일이 다르다. 그러나 충분한 수면, 규칙적인 식사와 생활습관, 꾸준하고 적당한 운동은 건강을 유지하기 위해 반드시 지켜야 할 기본 중의 기본이다.

힘들고 바쁘게 일하는 직장 생활이 의외로 건강에 도움이 되는 측면도 있다. 규칙적인 생활과 정기적인 건강검진이 가능하기 때문이다. 또 직장에 다니는 동안에는 스스로 건강관리가 필요하다는 것을 느끼고 운동을 한다든지 비타민이나 건강식품, 보양식 등을 챙겨 먹기도 한다.

그러나 은퇴를 하고 나면 직장에 다닐 때보다 훨씬 시간적 여유가 많음에도 불구하고, 아니 감당하지 못할 만큼 시간이 남아도는데도 건강검진 한번 제대로 못 받는다. 그 이유는 역설적이게도 시간이 너무 많다는 것이다. 누구도 강제하거나 간섭하지 않으며, 내일 해도, 다음 주에 해도, 다음 달에 해도 되기 때문에 차일피일 미루다 결국 한 해를 넘긴다.

　직장에 다니며 시간을 쪼개서 하던 운동도 은퇴를 하고 나면 힘들어진다. 돈이 들기 때문이다. 등산을 가려 해도 등산복과 등산화 등 온갖 장비가 필요하고, 수영을 하든, 배드민턴을 치든 만만찮은 돈이 들어간다. 소득이 있을 때는 그다지 대수롭지 않게 여겼던 금액이지만 은퇴를 하고 나면 사정이 달라진다. 비타민, 건강식품, 보양식도 마찬가지다.

　하지만 이렇게 생각하는 것은 그야말로 어리석은 일이 아닐 수 없다. 건강을 잃었을 때 지불해야 할 비용에 비한다면 아니, 건강을 잃음과 동시에 추락하는 삶의 질에 비한다면 건강 유지에 드는 비용은 결코 큰 것이 아니다.

　이와 반대로 너무 과해서 독이 되는 경우도 있다. 많은 중년남성들이 좋아하고 즐겨하는 것이 등산인데, 젊어서 등산을 너무 열심히 다녀 무릎 관절이 나빠져 이젠 높은 산은 엄두도 못 낸다고 하소연하는 사람들을 적지 않게 보았다. 아무리 건강에 좋은 것이라 해도 절대 무리해선 안 된다.

　물론 젊다고 방심해서도 안 된다. 주로 중년 이후에 나타나는 고혈압, 동맥경화와 같은 소위 노인성 질환들이, 요즘은 젊은 층에서도 빈번하게 나타나고 있다. 심지어 알츠하이머와 대상포진, 녹내장 등도 심심찮게 발병하고 있다. 전문가들은 그 원인으로 극심한 스트레스와 인스턴트식품, 잦은 야근과 밤문화로 인한 수면 부족, 지나친 다이어트 등을 든다. 실제로 체중 감소를 위해 무리한

식단 조절과 단시간에 운동 효과를 극대화하는 '크로스 핏'과 같은 고강도 운동을 하다 퇴행성관절염과 허리디스크로 병원을 찾는 이삼십 대가 늘어나고 있다.

다시 한 번 강조하는데, 무엇보다 중요한 건강 비결은 충분함과 적당함 그리고 규칙성이다. 충분한 휴식과 수면, 적당한 운동, 그리고 규칙적인 식사와 생활습관을 갖도록 노력하자.

죽음보다 무서운 병, 치매

나날이 발전하는 의술 덕분에 수많은 육신의 질병들을 극복하고 오래 살 수 있게 되었다. 이제 문제는 정신건강이다. 치매를 영어로 'dimentia'라고 하는데, 라틴어에서 유래한 이 말은 '정신이 없어진 것'이라는 의미를 지니고 있다. 우리나라 65세 이상 노인 10명 중 1명이 치매 환자이며, 매 12분마다 1명꼴로 발생한다. 치매는 본인은 물론 온 가족의 행복을 앗아가는 무서운 질병이다.

내 아버지는 80이 넘어서도 건강하셨다. 그런데 어느 날 이발소에 다녀오겠다며 나가신 뒤 돌아오실 시간이 지나도 소식이 없다가 한참 뒤 전화가 걸려왔다. 어디시냐고 여쭸더니 "집에 왔지. 대문 앞인데 내 문패가 없다"라고 하시는 게 아닌가. 무슨 뚱딴지같은 말씀인가 싶어 주위에 뭐가 보이냐고 이리저리 여쭤본 결과, 놀랍게도 우리가 30여 년 전 살았던 집에 가 계신 것이었다. 휴대폰이 없었다면 그 길로 우리 부자는 생이별을 했을지도 모른다. 그렇게 우리 가족은 아버지가 알츠하이머라는 사실을 알게 되었다.

    우리 집의 비극은 여기서 끝나지 않았다. 그로부터 3년여쯤 흐른 어느 날, 온 가족이 모여 점심식사를 마치고 어머니께 커피를 권하자 "난 빈속에 커피 안 마셔. 이따 밥 먹고 마셔야지"라고 하시는 게 아닌가! 건망증이 좀 심해지셨구나 생각하고 대수롭지 않게 넘어갔지만 이후에도 크고 작은 사건들이 잇달았다. 찬장과 냉장고에는 밀가루와 고춧가루가 몇 봉지씩 쌓여가고, 제사를 준비하면서 콩나물을 두 솥이나 삶으시고, 한창 김장을 담고 있는데 절인 배추가 또 배달된 적도 있었다. 결국 어머니 역시 알츠하이머 진단을 받았다.

    치매는 치료 효과를 높이기 위해서나, 치매로 인해 발생하는 다양한 문제에 미리 대처할 수 있도록 하기 위해 조기 발견이 중요하다고 한다. KBS1 TV에서 방영되는 〈무엇이든 물어보세요〉에서 치매 초기 증상 일곱 가지를 소개한 적이 있다. 혹시 해당 사항은 없는지 잘 살펴보기 바란다.

수면장애 : 잠꼬대와 잠버릇이 험해진다.

    수면장애는 흔한 증상인데 심하게 잠꼬대를 하거나 발길질을 하는 등 잠버릇이 험할수록 파킨슨병에 걸릴 위험이 높고, 수면 시간이 짧고 숙면을 취하지 못하는 사람일수록 알츠하이머병에 걸릴 위험도가 높아진다.

언어장애 : 말을 더듬는 언어장애가 생긴다.

　단어가 떠오르지 않거나 말을 더듬고, 대화 중에 정확한 단어가 떠오르지 않아 머뭇거리거나 물건의 이름이 금방 떠오르지 않는다.

입맛의 변화 : 냄새를 못 맡고 맛을 잘 못 본다.

　냄새를 잘 못 맡게 되고 간을 짜게 하는 등 맛을 잘 못 보게 되며 음식 성향이 크게 변한다.

손발 저림 : 손발 저림 증세가 지속된다.

　원인 불명의 손발 저림을 가볍게 여기는 경우가 많은데, 이런 원인 불명의 손발 저림 증상이 지속된다면 전문의와 상담이 필요하다.

감정의 변화 : 이유 없이 화가 나고, 우울함과 무기력이 동반된다.

　평소 사교적인 성격이었으나 외출을 꺼리면서 의욕이 저하되고 자기중심적 성향이 강해지는 등 성격의 변화가 생기고 감정 기복이 심해진다.

물건 사재기 : 물건을 사고 차곡차곡 쌓아두는 사재기 습관이 나타난다.

　캘리포니아대학교 연구팀의 분석에 따르면 사재기와 강박에서 비롯되는 의례적인 행동들도 치매 초기 증상과 관련이 있다고 한다. 물건을 사재기하는 습관이 나타나는 것 역시 이런 증상일 가능성이 있다.

움직임이 느려짐 : 걷는 속도가 느려진다.

보행을 시작하려고 할 때 발이 땅바닥에 들러붙은 듯 걸음을 떼기 힘들고 걷는 속도도 느려지며, 눈 깜박임이 줄어들거나, 얼굴 표정이 평소보다 무표정해 보이거나, 어떤 일을 행동으로 옮기기 힘들어지는 등 미세한 운동 장애 현상이 나타난다.

고려대학교 의대 정신건강의학과 한창수 교수는 치매를 예방할 수 있는 비법으로 '333 법칙'을 언급했다. 3가지는 '하고', 3가지는 '하지 말고', 3가지는 '꼭 하라'는 것이다. 구체적으로는 운동, 식사, 독서는 하고, 술, 담배, 뇌손상은 하지 말고, 대화, 치매 조기 진단, 성인병 관리는 꼭 해야 하는 것이다. 오늘부터라도 333법칙을 잘 지켜 골골백세가 아닌 건강백세를 만들어가자.

> **인생 후반전,
> 삶의 이미지를 그려라**

내가 삶의 주인공이다

남은 기간이 얼마든 정년이 임박했음을 인지하면 대부분의 직장인은 퇴직금은 얼마나 될지, 재취업을 해야 할지, 어떻게 먹고살 것인지 등 생계에 대한 고민부터 시작한다. 그러나 그보다 중요한 것은 마음의 준비다.

생계에 쫓기고 관성에 젖어 어제까지 살아왔던 것처럼 오늘을 살고 있고, 오늘 사는 것처럼 내일을 살아간다면 변화된 내일, 준비된 내일을 기대할 수는 없다. 앞으로 어떤 삶을 살 것인지 이미지를 그려보아야 한다. 자신의 원하는 삶을 명확히 할 때 비로소 어떻게 살 것인지가 보인다.

미래의 삶에 대한 이미지를 그릴 때 우선적으로 고려해야 할 것은 관점의 변화이다. 우리나라 사람들 대다수는 부모가 되고 경제적 가장이 되면서 삶의 주인공 자리를 자녀에게 물려준다. 그리고 자신은 부모로서 가장으로서 의무를 다하기 위해, 스스로를 위해서가 아니라 자녀와 가족을 위한 삶을 살아간다. 그러나 정년이나 은퇴 이후의 삶은 오롯이 '나'의 삶이며, 내가 삶의 주인공임을 깨달아야 한다. 다시 말해 '나'를 중심으로 정년 이후의 삶에 대한 이미지를 그려야 한다.

당신의 어릴 적 꿈은 무엇이었나? 당신은 무엇을 좋아하고 무엇을 잘하는가? 지금까지 억눌러왔지만 진정 당신이 이루고 싶은 것은 무엇인가? 이 질문들에 대해 답할 수 있을 때 비로소 당신은 자기 삶의 주인으로서 스스로 만족할 수 있는 행복한 제2의 인생을 그릴 수 있다.

베이비붐 세대들을 대상으로 은퇴설계 교육을 하면서 "여러분은 지금까지 살아온 삶에 만족하십니까?"라는 질문을 던지면 대부분 "그렇다"라고 대답한다. 그러나 "지금까지 해왔고, 그리고 현재 하고 계신 일이 어릴 적 꿈꾸었던 장래 희망이었고 하고 싶은 일이었습니까?"라고 물어보면 대부분 "아니오"라고 대답한다.

그렇다. 그들이 지금까지의 생에 대해 만족하는 이유는, 원했던 일은 아닐지라도 어찌됐든 현재 하고 있는 일 덕분에 그동안 먹고 살았고 자식들 키우고 공부시키며 더러는 결혼까지 시킬 수 있었기 때문이다.

내가 원하는 삶을 살았더라면……

브로니 웨어는 오스트레일리아의 평범한 여성이었다. 학교를 졸업하고 비교적 안정적이랄 수 있는 은행에 취직해서 수년간 직장생활을 하던 그녀에게 위기가 찾아온다. '진정 내가 바라는 꿈은 무엇인가?'라는 질문이 그녀의 실존을 뒤흔든 것이다. 결국 그녀는 은행을 그만두고 꿈을 찾아 영국행 비행기에 몸을 싣는다. 그리고 영국에서 생활비를 벌기 위해 시작한 일이 호스피스였다. 이후 고국으로 돌아와 틈틈이 작곡 공부를 하면서 호스피스 일을 계속했다.

브로니 웨어는 임종을 앞둔 환자들의 마지막 12주를 간호하면서 죽음을 앞둔 이들이 주로 말하는 다섯 가지 후회들을 담아 《내가 원하는 삶을 살았더라면》이라는 책을 펴냈다.

- 다른 사람들에게 보이기 위한 것이 아니라 내가 원하는 삶을 살았더라면……
- 그렇게 열심히 일하지 않았더라면……
- 내 감정을 솔직히 표현할 용기가 있었더라면……
- 친구들과 계속 연락하고 지냈더라면……
- 나 자신에게 더 많은 행복을 허락했더라면……

나 역시 정말 열심히 살았다고 자부한다. 그리고 내 후회 또한 그들과 다르지 않다.

대학교 4학년 때 대학생을 구독자로 특화한 작은 신문사를 차렸다가 이른 실패를 경험한 뒤 나는 보습학원으로 재기했다. 5년 동안 돈도 제법 벌었고 결혼도 했지만 답답한 학원 생활에서 어떻게든 벗어나고 싶었고, 이른 성공으로 세상을 쉽게 보았던지 배수의 진을 치겠다며 학원을 처분하고 새로운 일에 도전했다.

지금 생각해보면 용기보다는 객기에 가까운 행동이었고, 그것이 내 고단한 인생 여정의 출발이었다. 정치광고기획사에서 일을 시작했고, 그 인연으로 국회에서 비서관으로 근무했다. 이후 부산국제락페스티벌 기획실에서 일했으며, 어묵요리 전문점을 차렸다 말아먹고, 무선인터넷 솔루션 회사에서 일하다 친구와 포장마차를 열었다. 집에 보내줄 생활비가 없어 의류 행사장에서 아르바이트도 했다. 그 외에도 여러 일을 접하면서 돈을 주고도 살 수 없는 소중한 경험을 얻긴 했지만, 내게 남겨진 것은 감당하기 어려운 빚이었다.

살길을 모색하다 우연히 포도재무설계라는 회사에 들어가면서 나는 결심을 했다. "다시는 한눈팔지 않고 반드시 이곳에서 성공하리라! 그래서 부모님 편히 모시고 남부럽지 않게 자식들 먹이고 입히고 공부시키며 행복하게 살리라!"

10년 가까이 가족과 떨어져 울산에서, 서울에서 홀로 직장 생활을 하면서 오로지 일만 바라보고 살았다. 그 덕에 5년 만에 이사로 승진할 수 있었다. 직원들이 내게 묻곤 했다.

"집이 부산이신데 자주 안 내려가시네요. 본부장님은 가족들 안 보고 싶으세요?"

그때 나는 문득 멋진 말이 떠올랐다.

"이순신 장군이 자기 가족을 돌보려 했으면 나라를 구했겠나?"

그러나 오래지 않아 나는 깨달을 수 있었다. 그것이 얼마나 한심하고 어리석은 생각이었는지. 나와 내 가족의 행복을 위한답시고, 부모님과 아내와 두 딸과 함께했어야 할 시간들을 잃어버렸다. 그것이 바로 행복이라는 것을 모르고. 그렇게 성공을 위해 아낌없이 바쳤던 시간들은 억만금을 준다 해도 돌려받을 수 없는 것이었다.

나는 또한 후회한다. 대장암이 재발해 11개월째 항암 치료 중이었던 친구로부터 보고 싶다는 전화를 받고, 다음 주에 보러 가마 약속을 했다. 그러나 나는 약속했던 바로 그 주에, 영정사진으로 친구를 만나야 했다. 보고 싶다는 그 한마디가 친구의 마지막 목소리가 되어버리고 말았다. 얼마나 후회의 눈물을 흘렸는지 모른다. 친구가 보고 싶어 했던 건 결코 자신의 장례식장에서 통곡하는 내 모습이 아니었지만 이미 때는 늦어버렸다.

삶을 누리는 시간을 소중히 여기자

'페페 할아버지'라고 불린 대통령, 국민들이 가장 친근감을 느끼는 대통령, 전 세계에서 가장 검소한 대통령으로 유명한 우루과이 전 대통령 호세 무히카는 "돈이 많은 사람은 사치스런 삶을 살면서도 더 많은 것을 욕망한다. 인생에서 중요한 것은 물질적 풍요가 아니라 삶을 누릴 수 있는 시간이다"라고 말했다.

그에게 있어 빈곤한 사람이란 조금만 가진 사람이 아니라, 욕망이 끝이 없어 아무리 많이 소유해도 만족하지 않는 사람이다. 그는 물질적 풍요보다 삶을 누리는 시간을 더 중요하게 생각했다. 대부분의 사람은 퇴직이나 은퇴 이후의 생활에 필요한 자산이 충분한가를 두고 고민한다. 주로 금융 자산이나 부동산 자산 등 물질적 자산만을 염두에 둔다. 그러나 노후를 괴롭히는 요인이 물질적 자산에만 있지 않다는 것을 깨닫는 데는 그리 오랜 시간이 걸리지 않는다.

20세기 프랑스의 평론가이자 소설가, 역사가인 앙드레 모루아는 《나이 드는 기술(The Art of Aging)》에서 수전노 같은 근성은 노인의 병이며, 이런 병이 생기는 것은 생활이 궁핍해지는 것을 두려워하기 때문이라고 했다. 노인은 지나친 노동은 힘이 들어서 하지 못한다고 생각하고, 수입이 줄어드는 것을 염려한다. 그러기에 지금 가지고 있는 재산에만 매달린다고 말했다.

또한 모루아는 노인을 수전노로 만드는 이유가 생활의 불안에만 있는 것은 아니라고 말한다. 인간은 무엇엔가 정열을 갖지 않고는 못 배기는데, 돈을 모으는 정열은 모든 연령의 인간이 가질 수 있는 것이며 여기에는 강렬한 쾌락도 있다고 한다. 그래서 노인은 돈을 셈하고 주무르고 주가 동향이나 귀금속 시세에 신경을 쓴다. 육체는 쇠퇴해도 아직 어떤 힘을 손아귀에 넣을 수 있다고 여긴다.

그리고 인색한 근성을 발휘하여 지출해야 하는 것을 차례차례 삭감해나갈 때, 정열적인 수전노는 놀랄 만한 도취감을 맛본다. 노인은 또한 새로운 사상은 소화할 힘이 없으므로 받아들이려고 하지 않고 완고하게 고집을 피워 선입관에 매달린다.

이렇게 되면 늙어버린다는 것은 하나의 나쁜 습관에 불과한 것이 되고 만다. 하지만 살아야 할 이유를 계속 지니고 있는 사람은 그리 쉽게 늙어버리지 않는다.

나의 노후에 활용할 자산은 무엇일까

물론 물질적 자산이 필요치 않다는 말은 아니다. 그러나 우리가 노후를 위해 챙겨야 할 자산이 재정적·물질적 자원뿐이라 생각한다면 돈의 노예가 되어 삶을 누리는 시간을 갖지 못하는 불행한 노후를 맞이할 것이다.

그렇다면 재정적·물질적 자원 외에 우리가 자산으로 활용할 수 있는 자원은 어떤 것이 있을까?

끈기나 인내력 등 정서적 반응을 선택하고 통제하는 힘이 되는 정서적 자원, 지적 자원과 영적 자원, 신체적 자원, 사회적 관계와 역할모델, 그리고 누구나 가지고 있을 실패의 경험 또한 인생 후반전을 살아가는 데 소중한 자산이다.

문제는 관점이다. 지금까지 개념조차 모호한 성공을 위해, 가족을 위해, 가장으로서 의무를 다하기 위해 살아왔다면 이제부터는 달라지자. 나를 위해, 자아실현을 위해, 의미 있는 삶을 위해 이렇게 귀한 자산들을 가지고 제2의 인생을 어떻게 살아갈지 완전히 새로운 관점에서 삶의 이미지를 그려보자.

> # 자서전을 쓰고
> # 버킷 리스트를 만들자

과거를 돌아보자

　미래를 계획할 때 반드시 거쳐야 할 단계가 있다. 그것은 과거를 돌아보는 것이다. 여기서 단재 신채호 선생과 윈스턴 처칠의 말까지 인용한다면 다소 과한 비유가 될지 모르겠지만, 역사를 잊은 민족에게 미래는 없다지 않는가! 개인의 역사도 다르지 않다. 어떻게 살아왔고, 어떻게 살고 있는지 돌아보지 않고 욕망만으로 그린 미래는 실현 가능성이 없다.

　과거를 돌아보는 방법 중의 하나는 자서전을 쓰는 것이다. 자서전이란 자신의 생애를 기술한 전기이다. 자서전이 일반적인 전기와 다른 점은 저자와 주인공이 같다는 것이다. 따라서 과거의 사실뿐만 아니라 현재와 미래에 대한 자신의 생각을 기록으로 남길 수 있다.

밤도 낮도 휴일도 없이 돈벌이하느라, 입시경쟁과 취업전쟁에서 살아남고자 공부하느라 부모와 자식이 하루 단 1시간도 얼굴을 마주하고 앉아 속깊은 대화를 나누기 어려운 세상이 아닌가! 제 부모가 어떤 어린 시절을 보냈고, 어떻게 성장했으며, 어떻게 자식을 키웠고, 어떤 생각으로 살아가고 있는지 또 어떻게 살아가고자 하는지 자식들은 알 길이 없다.

오늘날 유명무실해진 족보를 대신해 자서전으로 자녀와 손자들에게 가족의 역사를 전해보자. 글을 쓰고 책을 낸다는 것이 두려울 수 있지만, 자서전은 자신이 살아온 이야기를 있는 그대로 기술하는 것이므로 시나 소설과 달리 문학적 감수성이나 빼어난 문장력을 요하지 않는다. 최근에는 각종 문화센터의 인문학 강좌나 지방자치단체의 자서전 강의도 생겨나고 있으며, 자서전 쓰기에 관한 책도 많이 나오고 있어 마음만 있다면 얼마든지 도전할 수 있다.

내 안에 잠든 나를 깨워라

미래를 그리기 위한 도구로는 어떤 것이 있을까? 앞서 어릴 적 꿈, 좋아하는 것, 잘하는 것, 이루고 싶은 것이 무엇인지 물었다. 분명히 가슴속 깊숙이 묻혀 있지만, 살아가는 데 급급해 잊고 있었던 것들이 있을 것이다. 이것들을 끄집어내서 미래를 그려보자.

잠재된 꿈을 일깨우는 데 유용한 도구로 '버킷 리스트(bucket list)'를 권한다. 버킷 리스트란 죽기 전에 꼭 해야 할 일이나 하고 싶은 것들을 적은 목록을 가리킨다. '죽다'의 속어로 쓰이는 '킥 더 버킷(kick the bucket)'에서 만들어진 말이다. 중세에는 교수형을 집행하거나 자살을 할 때 올가미를 목에 두른 뒤 뒤집어놓은 양동이(bucket)에 올라간 다음 양동이를 걷어찼다고 하는데, 여기서 '킥 더 버킷(kick the bucket)'이라는 말이 유래하였다고 전해진다.

2007년 미국에서 제작된, 잭 니콜슨과 모건 프리먼 주연의 〈버킷 리스트〉가 상영된 후부터 이 말이 널리 사용되기 시작했다. 영화는 죽음을 앞둔 두 주인공이 한 병실을 쓰게 되면서 자신들에게 남은 시간 동안 하고 싶은 일에 대한 리스트를 만들고, 병실을 뛰쳐나가 이를 하나씩 실행하는 이야기를 담고 있다. "우리가 인생에서 가장 많이 후회하는 것은 살면서 한 일들이 아니라, 하지 않은 일들"이라는 영화 속 메시지처럼 버킷 리스트는 "후회하지 않는 삶을 살다 가려는 목적으로 작성하는 리스트라 할 수 있다." (두산백과)

버킷 리스트 작성 요령

- 맨 먼저 해야 할 일은 종이와 필기구를 준비하는 것이다.
- 우선순위를 고려하지 않고 생각나는 대로 기록한다.
- 경제적 여건에 대한 고려도 일단은 접어둬라.
- 가족의 반대도 아직은 고려 대상이 아니다.

- 실현 가능성은 당연히 생각하지 마라.
- 오로지 죽기 전에 꼭 하고 싶은 일만 생각하라.

막상 목록을 작성하려고 하면 5~6개를 넘어가지 못하는 경우가 대부분일 것이다. 꿈도, 하고 싶은 것도, 잘하는 것도, 진정으로 좋아하는 것도 잊고 산 지 오래이기 때문이다. 그래서 버킷 리스트를 작성할 때만큼은 커닝해도 된다. 다른 사람들의 버킷 리스트를 엿보다 보면 잊고 있었던 당신의 꿈들이 기지개를 켜고 깨어날 것이다.

만약 배우자가 있다면 배우자에게도 작성을 권해보라. 단, 감 놔라 배 놔라 간섭은 금물이다. 각자 자신의 버킷 리스트 작성이 끝나면 이제 서로 바꿔보라. 아내의, 남편의 마음 깊숙이 감춰져 있던 속내를 들여다보고 헤아릴 수 있을 것이다.

아직 끝이 아니다. 이제 버킷 리스트 작성의 마지막 단계가 남았다. 각자 작성한 목록을 같이 펼쳐놓고 머리를 맞대라. 부부가 함께 이룰 것, 각자 원하는 것을 이룰 수 있도록 기회를 주고 응원할 것을 정리해보라. 그리고 작성된 목록을 비슷한 것끼리 묶어라. 그런 다음 모호한 것은 구체화하고, 실행 가능성을 타진하고, 달성할 시기를 정하라.

버킷 리스트는 그 자체가 목적일 수도 있지만, 내 안에 잠든 나를 깨우는 데 더 큰 의미가 있다.

⑧ 나의 버킷 리스트 ⑧

전원생활의 이상과 현실

저 푸른 초원 위에 그림 같은 집을 짓고?

'은퇴'라는 말과 동시에 연상되는 단어들 중 적지 않은 이들의 머릿속에 공통적으로 떠오르는 것이 있다면 그것은 바로 평화로운 전원생활, 즉 귀농 귀촌일 것이다. 실제로 여러 통계 자료에서도 많은 사람들이 은퇴 이후 전원생활을 꿈꾸고 있다는 점이 잘 드러난다.

그러나 귀농 귀촌은 결코 낭만이 아니라 현실이라는 사실을 알아야 한다. 소음과 공해, 교통난과 빼곡한 건물 숲 등 답답한 도시 생활에 찌들려 살던 도시인이 휴가 때 잠시 머물면서 느꼈던 한가로움이나 풍경화처럼 고요하고 평화로운 일상만 있는 게 아니다.

귀농을 해서 농사일을 해야 한다면 쉴 틈 없이 분주히 몸을 움직여야 하고, 귀촌을 해서 휴양 생활을 한다면 오래지 않아 따분함과 외로움에 몸부림칠 것이다. 그리고 도시에선 겪어보지 못한 온갖 곤충을 비롯한 벌레들의 습격도 무시 못할 복병이다.

나 역시 한적한 시골 생활에 대한 동경이 없는 것은 아니지만 귀농이나 귀촌은 조심스럽다. 남은 생을 시골에서 보내기에는 도시 생활에 너무 익숙해진 탓도 있겠다. 어쩌면 산촌에, 어촌에, 섬마을에 두루두루 귀촌한 지인들과 가까이 지내는 게 낫지 않을까 싶기도 하다. 물론 그들에게는 민폐가 될 수도 있겠지만…….

실제로, 찾아가는 입장에서는 어쩌다 한 번이겠지만 맞이하는 입장에서는 수시로 찾아오는 지인들 때문에 못 살겠다고 하소연하는 이들도 있다. 손님 접대에 지친 나머지 누군가 오겠다고 연락을 하면 다음과 같은 문자 메시지 한 통 보내놓고 아예 몸을 피하기도 한단다.

"열쇠는 현관문 왼쪽 세 번째 화분 밑에 있으니 편히 쉬다 가시고 뒷정리는 깔끔히! 문단속 잘하고 열쇠는 제자리에!"

아내는 왜 시골을 싫어할까

귀농 귀촌을 꿈꾸는 많은 사람들 대부분이 부딪히는 넘사벽(넘지 못할 4차원의 벽)이 있는데, 바로 아내의 반대이다. "당신 손에 흙 한 줌 안 묻히게 할 테니 제발 같이 시골에 가서 살자"고 남편은 애

원하지만, 아내는 한 치 흔들림도 없이 대답한다. "내 눈에 흙이 들어가기 전에는 못 갑니다. 정 가고 싶으면 당신 혼자 가세요."

아내는 왜 귀농 귀촌을 반대할까? 조사에 따르면 귀농 귀촌을 기피하는 가장 큰 이유는 열악한 의료 및 복지시설이다. 부족한 문화·교육 시설과 레저·스포츠 여건, 그리고 가족과 지인의 접근성이 떨어지는 것 등도 주요 기피 사유로 꼽힌다.

2001년 880가구에 그쳤던 귀농 귀촌 가구 수는 2014년 44,586가구로 급격히 늘어났다. 그러나 이들 중 상당수가 정착에 실패하고 다시 돌아온다. 그 원인으로 아내 또는 가족의 반대가 높은 비중을 차지한다. 바꿔 말하면 귀농 귀촌에 성공하기 위해 가장 먼저 해야 할 일은 가족의 동의를 구하는 것이다. 그러나 전원생활의 꿈을 가진 많은 사람들이 귀농 귀촌을 결심하면서 저지르는 가장 큰 사고는 가족의 동의에 앞서 땅이나 전원주택부터 구입하는 것이다. 지나치게 넓은 땅과 큰 집을 구입한다는 것도 문제다.

농사를 지어 수확한 작물을 아들딸에게 보내고, 친구나 친지 등 여기저기 보내다 보면 배보다 배꼽이 크다고 택배비가 더 많이 든다. 그렇게 동네방네 나눠주고도, 삼시세끼를 채식만 해도 다 먹질 못한다. 아들, 며느리, 딸, 사위, 손자 손녀가 찾아오면 편히 쉬다 갈 수 있도록 큼지막하게 방을 만들고 날마다 청소하지만, 언제쯤 주인이 찾아올지 모른 채 1년 내내 비어 있기 일쑤다. 이제 평화에 지치고 한가로움도 신물이 나서 도시로 돌아오려 하지만, 넓은 땅과 큰 집을 살 임자를 만나기가 쉽지 않다.

단계적 귀농을 고려해보자

이런 시행착오를 예방하려면 본격적인 귀농 귀촌을 하기에 앞서 후보지에 농막을 설치하고 도시와 농촌을 오가며 적응하는 단계를 거치기를 권한다. 농막이란 농업 생산에 직접 필요한 시설로서 주거 목적이 아니라 농기구, 농약, 비료 등 농업용 기자재 또는 종자를 보관하거나, 농사일을 하다 휴식 및 간이 취사 등의 용도로 사용하는, 연면적 20제곱미터(약 6평) 이내의 시설을 말한다.

이전에는 전기, 수도, 가스 등의 설치를 할 수 없었으나 2012년 11월 1일 관련 법 개정으로 농막을 준주거용으로 사용할 수 있게 되었다. 농막의 장점은 농지 전용 규제를 받지 않아도 되고, 그린벨트를 제외하고는 인허가 절차 없이 설치가 가능하다는 것이다. 최근에는 실용성과 디자인을 고려한 조립식 농막을 비교적 저렴한 가격에 판매하는 곳이 늘어나고 있다.

만약 본격적인 귀농 귀촌을 위해 주택을 신축하거나 수리해야 한다면 시공업체로부터 견적서가 아니라 시방서를 받아야 한다는 점을 주의하자. 견적서만 믿고 공사를 시작했다가 설계 변경을 이유로, 더 나은 건축자재를 썼다는 이유로, 더 효율적인 공법으로 시공 방법을 변경했다는 이유로 비용이 추가돼 공사비가 배 이상 늘어나는 경우도 빈번하다. 시방서에는 공사에 필요한 재료의 종류와 품질, 사용처, 시공 방법, 제품의 납기, 준공 기일 등 설계 도면에 나타내기 어려운 사항이 명확하게 기록되어 있으므로 추가 비용의 발생을 방지할 수 있다.

공동체 문화, 관계 중심의 문화를 받아들여라

귀농 귀촌에 실패하는 또 다른 중요한 요인은 농촌 사회에 대한 이해 부족과 주민들과의 불화다. 같은 아파트에 출입문을 맞대고 사는 이웃과도 잘 어울리지 않는 도시인이, 농촌 사회에 남아 있는 공동체 문화, 관계 중심의 문화를 받아들이기란 쉽지 않다. 그리고 농사를 짓기 위해서가 아니라 전원생활을 위해 귀촌한 경우라 하더라도 일손이 부족한 농번기에 애완견을 끌고 한가로이 산책이나 즐긴다면 마을 주민들이 고운 시선으로 바라볼 리 없다.

다음은 전문가들이 조언하는 성공하는 귀농 귀촌 노하우다.

- 귀농 귀촌을 결정하기 전에 반드시 가족의 동의를 구하라.
- 가족이나 지인들의 접근성이 용이하고, 사회관계를 유지할 수 있으며, 의료 시설이 가까운 도시 근교나 인근 지역으로 귀농 귀촌하라.
- 전원주택이나 경작 면적을 최소화하라.
- 농사나 농업 경영을 위한 귀농보다는 소일거리 삼아 유기농 작물을 재배하는 귀촌을 고려하라.
- 귀농 귀촌 또한 창업만큼 어려우니 사전 학습은 물론이고 철저한 계획과 준비가 필요하다.
- 농촌 사회의 공동체 문화, 관계 중심의 문화를 이해하고 마을 주민과 함께 어울릴 수 있어야 한다.

2

재무 설계를 하면 노후 걱정이 확 줄어든다

> 왜 노후 준비가
> 제대로 안 되는 것일까

중장년층이 안고 있는 세 가지 문제점

우리나라에 재무 설계가 알려지기 시작한 것은 2001년 FP협회가 설립되고, 같은 해에 제1회 AFPK(공인재무상담사사) 자격 시험이 실시되면서부터다. 그러나 2000년대 초반에 재무 설계는 금융 관련 종사자들이 소위 스펙을 쌓기 위한 자격증 정도로 인식되거나, 금융 상품 판매를 위한 도구 정도로 이용되었을 뿐이었다. 일반인들이 본격적으로 재무 설계를 이해하고 활용하기까지는 그 후로도 몇 년의 세월이 더 필요했다.

어찌 됐든 이제는 재무 설계에 대한 책을 읽거나 강의를 듣고 컨설팅을 받는 것이 낯설지 않은 모습이 되었다. 또한 정년퇴직 이후의 생애 재설계에 대한 필요성이 대두되면서 정부나 지방자치단체의 관심도 증가하고 있다. 하지만 여전히 대다수의 중장년층은 생애 재설계는커녕 재무 설계조차 제대로 이해하지 못하고 있다.

은퇴 설계에서 중장년층이 안고 있는 문제점은 크게 다음 세 가지로 나눌 수 있다.

- 퇴직 이후의 생애 재설계를 하지 않고 있다.
- 각종 사회보장제도에 대한 이해가 부족하다.
- 돈(재무)에 대한 지식이 부족하다.

퇴직 이후의 생애 재설계를 하지 않고 있다

제대로 된 재무 설계를 통해 생애 재무 목표를 수립하고, 자산과 부채를 파악하고, 수입과 지출 분석을 통해 자신의 재무 상태를 진단하고, 재무 목표 달성을 위한 합리적인 실행 계획을 세워서 실천하며 살아온 사람이라 할지라도, 퇴직 또는 은퇴 시점이 다가오면 재무 상태에 대한 재점검과 은퇴 이후의 삶에 대한 재설계가 필요하다.

'생애 재설계'란 은퇴 이후의 인생에 대한 준비와 성공적인 노후 생활을 위한 모든 활동을 말하는 것으로, 재무 설계를 경험하지 못한 중장년층이 생애 재설계마저 하지 않은 채 백세시대를 살아간다는 것은 지도도 나침반도 없이 망망대해를 항해하는 것과 다르지 않다. 퇴직 이후의 생애 재설계는 행복한 노후 생활을 위한 선택이 아니라 필수이다.

각종 사회보장제도에 대한 이해가 부족하다

한정된 자원으로 좀 더 나은 생애 재설계를 하기 위해서는 사회보장제도에 대한 이해가 필요하다. 왜냐하면 이 제도를 활용하고 혜택을 누리기 위해서는 요건을 갖춰서 적극적으로 요청을 해야 하기 때문이다.

예를 들어 실업급여를 받기 위해서는 고용보험 피보험 자격 상실 신고를 해야 하고, 고용센터를 방문하거나 온라인을 통해 실업급여 수급자 교육을 이수하고 실업급여 신청서를 작성해야 한다. 건강보험 임의계속가입제도 역시 당사자가 직접 건강보험공단에 신청해야만 혜택을 받을 수 있다. 국민연금 또한 관련 제도를 제대로 알아야 자신의 처지나 상황에 맞는 수령 방법을 선택할 수 있다. 이와 관련한 상세한 내용은 3장과 4장을 참조하기 바란다.

사회보장제도란 질병·장애·노령·실업·사망 등 각종 사회적 위험으로부터 모든 국민을 보호하고 빈곤을 해소하며 국민 생활의 질을 향상시키기 위하여 제공되는 사회보험, 공공부조, 사회복지 서비스 및 관련 복지제도를 말한다. (네이버 지식백과 시사상식사전)

현재 우리나라의 사회보장제도는 크게 사회보험, 공공부조, 사회서비스로 나뉘어 시행되고 있다.

사회보험은 보험료를 부담할 능력이 있는 국민들을 대상으로 산업재해, 노령, 실업 등에 따른 미래 사회의 불안을 보험이라는 방식으로 대처하는 제도이다. 국민건강보험, 국민연금, 산재보험, 고용보험, 장기요양보험 등 5대 보험이 여기에 속한다.

공공부조는 생활 무능력자의 최저 생활 보장을 목적으로 하며 국가가 비용을 전액 부담한다. 국민기초생활보장제도, 의료급여가 대표적이다.

끝으로 사회서비스란 기존의 사회복지서비스를 대체한 것으로, 국민의 인간다운 생활 보장과 삶의 질 향상을 지원하는 제도를 말한다. 기존의 사회복지서비스가 수급자 등 빈곤 계층을 대상으로 했던 것과 달리 사회서비스는 서민과 중산층까지로 대상을 확대했다. 또한 재정 지원 방식을 공급자(기관) 지원에서 수요자 지원 방식을 병행하는 방식으로 변경했으며, 비용 부담에 있어서도 정부 지원 중심에서 본인 일부 부담을 도입했다. 이때 사회서비스를 편리하게 이용할 수 있도록 현금카드 형태로 지급되는 사회서비스 바우처(이용권)가 있는데, 정부는 일정한 자격을 갖춘 특정 계층(노인, 장애인, 산모, 아동 등)에 이 같은 바우처를 보급해 지불을 보증하고, 이용자가 서비스 비용을 일부 부담한다.

사회서비스에는 총 여덟 가지 사업이 있다. 노인돌봄종합서비스사업, 장애인활동지원사업, 산모/신생아도우미사업, 지역사회서비스투자사업, 가사간병방문사업, 발달재활서비스사업, 언어발

달지원사업, 임신/출산진료비지원사업 등이다.

돈(재무)에 대한 지식이 부족하다

예로부터 우리 사회는 알게 모르게 돈에 대한 이야기를 금기시해왔다. 어른들은 애들이 너무 어려서부터 돈을 알면 안 된다고 생각했고, 구입해야 하는 물건이 있으면 부모가 자녀에게 돈을 줘서 사게 하는 것이 아니라 부모가 직접 사서 건네주었다. 또한 집안 사정이 어렵더라도 이를 자녀에게 굳이 말하려 하지 않았다. 가계를 꾸려나가는 것은 오로지 부모의 몫이라 생각했고, 행여나 가난 탓에 자식들이 기죽는 것을 원하지 않았기 때문이다.

그런데 돈을 다스리는 방법에 대해 배우지 못하고 자란 아이들은 성인이 되어 직장 생활을 하며 돈을 벌어도 여전히 돈에 대해 모른다. 결혼한 후에는 부부지간에도 돈과 관련된 대화는 기피하려 한다. 갈등을 초래하기 십상이기 때문이다. 맞벌이가 많지 않았던 시절에는 부부싸움의 원인 1순위가 경제적인 문제였다. 열심히 일해도 곤궁한 삶에서 벗어나기가 쉽지 않았기 때문일 것이다.

요즘은 급여 생활자들 중 절반 가까이가 맞벌이를 한다. 그런데 이들 중에는 배우자의 소득이 얼마인지 전혀 모르는 경우도 허다하다. 예를 들면 생활비는 절반씩, 공교육비는 아내가, 사교육비는 남편이, 외식비는 교대로 부담하고, 나머지는 간섭하지 않는 식이다. 남편은 '안살림은 아내가 하니 알아서 저축은 좀 하고 있겠지'

라고 생각하고, 아내는 '남편이 그래도 가장이니 알아서 노후 준비는 하고 있겠지'라고 생각한다. 그렇게 서로가 소득이 있을 때는 잠재되어 있던 문제들이 어느 한쪽의 소득이 단절되는 상황을 맞으면 연쇄적으로 폭발하기 시작한다.

이런 과정을 거쳐 중년이 되면 나이가 들어도 고집만 세질 뿐 돈에 대한 지식이 저절로 생겨나진 않는다. 중장년층이 돈에 대한 지식이 부족하다는 것은 경기지표에 대한 전문 지식이나 부동산, 주식투자 노하우에 대해 말하는 것이 아니다. 돈의 진정한 가치를 이해하고, 현명한 소비 지출과 합리적인 저축 투자를 통해 안정적인 미래 설계를 할 수 있는 힘을 의미한다.

그 힘을 기르는 방법은 의외로 간단하다. 보유 자산과 부채를 파악해서 가계 재무 상태를 점검하고, 현재의 수지구조를 분석하고 미래에 일어날 수지구조의 변화를 예측해서 현금흐름표를 작성해보는 것이다. 그러면 자신이 처한 현실을 제대로 볼 수 있고, 미래를 준비하기 위해 절제하며 돈을 다스리는 힘을 기를 수 있다.

> 월급만으로 노후 자금을
> 마련할 수 있을까

10억 원은 있어야 한다고?

"노후 자금으로 얼마나 있으면 될까요?"

은퇴 설계 강의를 시작할 때마다 사람들에게 던지는 질문인데 돌아오는 답변의 패턴은 거의 유사하다.

"그야 뭐 많으면 많을수록 좋죠."

그러면 다시 물어본다.

"당연히 많을수록 좋지만 그래도 어림잡아 얼마쯤이면 될까요?"

그러면 대부분 이렇게 응답한다.

"음…… 한 10억은 있어야 하지 않을까요?"

10년 넘게 들어온 익숙한 답변이다. 얼마쯤 있으면 부자라고 할 수 있는가라는 질문에 대한 대답도 10년 전이나 지금이나 그 기준은 10억 원이었다. 뭔가 장기적인 계획을 세우고 큰일을 도모하자면 한 10억 원쯤은 있어야 한다는 게 보통 사람들의 생각인 듯하다.

반면 은퇴 설계를 한 번쯤 해본 사람들은 10억 원으로는 어림도 없다고 목소리를 높이기도 한다. 일단 노후에 필요한 자금을 대충 10억 원이라고 가정해보자. 60세에 은퇴해서 100세까지 산다고 가정했을 때 자금이 필요한 기간은 40년이므로 1년에 2,500만 원(매월 약 208만 원)씩 쓰면 10억 원이니, 정말 10억 원은 있어야 할 것 같다는 생각이 든다.

4인 가족이 한 달에 140만 원으로 30년간 살아야 한다면

그런데 보통 사람들이 퇴직하기 전에 과연 10억 원을 모을 수 있을까? 연봉 5,000만 원을 받는 사람이 땡전 한 푼 남김없이 고스란히 저축한다 해도 20년을 모아야 10억 원이 된다.

30세에 용케 바늘구멍 같은 취업문을 통과해서 구사일생으로 구조조정의 된서리를 견디고, 명예퇴직과 희망퇴직의 칼바람을 피해 가까스로 60세 정년을 채운다 해도 돈을 벌 수 있는 기간은 30년이다. 30년간 평균 연봉을 5,000만 원이라고 가정하면 20년치 소득으로 노후 자금 10억 원을 만들고, 남은 10년치 소득인 5억 원으로 4인 가족이 30년 동안 의식주를 해결하고, 자녀를 교육시키고, 결혼까지 시켜야 한다.

그것이 과연 가능할까? 그러기 위해서는 30년 동안 한 달에 대략 140만 원(5억 원÷30년÷12개월=1,388,888원)으로 모든 것을 해결해야 한다. 이 금액은 2017년 기준, 국민생활보장법상 4인 가족 최저생계비 1,786,952원에도 못 미치는 금액이다.

아무리 주먹구구식 계산이라 해도 이건 누가 봐도 말이 안 되는 이야기다. 사실 30년간 평균 연봉이 5,000만 원이라는 가정도 현실적이지 않다.

2017년 4월 25일 통계청이 발표한 〈취업자의 산업 및 직업별 특성〉에 따르면 200만 원 미만 근로소득자는 45.2%였다. 200만 원 이상~300만 원 미만은 26.4%, 300만 원 이상~400만 원 미만은 14.2%, 400만 원 이상은 14.3%였다.

그리고 신한은행이 2017년 3월 8일 발표한 〈보통사람금융생활보고서〉에 따르면, 전국 만 20세에서 64세까지의 취업자 1만 명을 대상으로 조사한 결과 개인의 월평균 근로·사업소득은 283만 원인 것으로 나타났다.

이런 점을 감안한다면 대한민국의 월급쟁이들이 월급만 받아서 노후 자금을 준비한다는 것은 한마디로 불가능하다. 하물며 취업조차 못한 청년들로서는 인생에서 가장 중요한 것들을 하나둘 포기하는 n포세대(3포, 5포, 7포 세대)가 될 수밖에 없는 것이 현실이다.

공포 마케팅에 휘둘리지 마라

이렇다 할 전문 지식도, 투자 경험도 없이 부동산 투자나 주식 투자에 귀가 솔깃해지는 이유도, 치킨집이니 커피전문점이니 부업으로 자영업을 고민하는 이유도 월급만으로는 은퇴 준비가 불가능하다는 것을 직감하기 때문이다.

월급만 모아서는 아무리 알뜰하게 살아도 노후 대비는커녕 자식들 뒷바라지도 어렵겠다는 공포와 두려움이 미래에 대한 자포자기나 수익률에 대한 모험으로 나타나는 것이다.

더욱 어처구니없는 현실은 보험 회사의 일부 설계사들이 연금 상품을 판매할 때 이와 유사한 계산 방식을 제시하며 공포 마케팅을 펼친다는 점이다.

"백세시대가 도래했고, 정년퇴직 후 40년 가까이 살기 위해서는 적지 않은 은퇴 자금이 필요한데 준비는 하고 계시겠죠? 자녀 교육비와 결혼 비용 때문에 준비를 못하셨다구요? 저런, 큰일이군요. 늦었지만 지금이라도 연금 상품 하나쯤은 장만하셔야 돼요."

개인연금이 나쁜 것이라거나 필요 없다는 말이 아니다. 정확한 분석과 정보로 합리적인 연금 설계를 하지 않고, 필요 이상의 공포심을 불러일으켜 오로지 상품 판매에만 급급한 마케팅 방식의 문제를 지적한 것이다.

그렇다면 대한민국 급여 생활자의 대부분은 노후 자금을 마련할 수 없다는 것인가?

　결론부터 말하면, 그렇지 않다! 단지 노후 자금에 대한 접근 방식이 잘못되었을 뿐이다. 지금부터, 성급하게 서두르지 말고 사전 정리와 기준 설정에서부터 노후 자금 마련을 위한 올바른 계획 수립까지 차근차근 접근해보자.

> 자녀 독립일이
> 실질적인 은퇴일이다

부모, 정년 없는 평생 직업

정년퇴직을 2년 6개월 정도 앞둔 교육 참가자 한 분이 이렇게 이야기한다.

"그래도 부몬데, 자식을 낳았으면 끝까지 책임을 져야지. 사실 내가 젊었을 때는 친구도 좋아하고, 술도 좋아해서 자식들한테 뭐 제대로 해준 것도 없고. 아버지란 사람이 무뚝뚝해서 사랑한다는 말도 못하고 살았는데, 지금이라도 지가 하고 싶은 것들 다는 못해주더라도 할 수 있는 데까지 해볼 수 있도록 힘닿는 데까지 뒷바라지를 할랍니다."

또 다른 참가자가 말을 이어받는다.

"내가 어렸을 적에 우리 부모님이 조금만 거들어주셨다면 훨씬 수월하게 자리를 잡았을 텐데. 당시엔 뭐 물려받은 게 있나, 제대로 배우길 했나, 가진 거라곤 몸뚱이 하나뿐이니 밤이고 낮이고 죽어라 일만 했지. 그래도 요즘은 좀 살 만해졌으니 옛날 생각하면 조금이라도 힘이 있을 때 자식들 밀어줘야지."

전혀 틀리지 않다. 모두 맞는 말이다. 내 아버지 역시 할아버지께 황무지 한 떼기 물려받은 게 없었고, 군에 징집되어 6·25전쟁에 참전했다가 제대해서 막노동으로 사회생활을 시작하셨다. 자신의 잠재력을 인식하고 성장을 위해 도전하는 힘을 가지고 계셨기에 초등학교 졸업의 학력에도 독학으로 건축기사 자격증을 취득하셨고, 또 열심히 땀 흘리신 덕분에 그리고 알뜰살뜰 살림을 꾸려오신 어머니 덕분에 가난은 면할 수 있었다.

그럭저럭 나를 포함해 4남매가 대학교까지 다닐 수는 있었지만, 사회생활을 시작하는 첫 출발은 소위 '있는' 집 자식들과는 많은 차이가 있었다. 그야말로 기울어진 운동장이었다.

결혼 비용과 전세 자금을 모두 대출을 받아 마련하고 보니 소득의 상당 부분이 부채 상환에 들어가야 했고 저축은 엄두도 내지 못했다. 한창 부동산 가격이 급등하던 그 시절에 내 집이 있었다면 빚 갚을 돈으로 저축을 했을 터이고, 시세차익으로 제법 큰돈을 벌 수도 있었을 것이다.

  나 역시 두 딸을 둔 아버지로서 자녀에 대한 지극한 염려와 사랑을 이해 못하는 바는 아니지만, 이제 시대가 바뀌었으니 그에 따라 우리의 생각도 바뀌지 않으면 안 된다. 말 그대로 힘닿는 데까지 자녀들 뒷바라지를 하고 나면 내 노후를 준비할 힘도 시간도 남아 있을 수가 없지 않은가! 자녀 뒷바라지를 끝까지 책임지겠다고 생각하는 부모들 역시 눈칫밥 먹으며 자녀에게 봉양받기를 기대하지는 않는다. 그렇다면 어떻게 노후를 보낼 것인가?

마지노선을 그어라

  그래서 자녀 뒷바라지에도 마지노선이 필요하다. 내 노후를 준비하고도 남는 힘, 그 힘이 닿는 데까지가 바로 마지노선이다. 이 마지노선을 긋지 못하고 법정 정년을 지나 70~75세까지 일하고도 자녀 뒷바라지하느라 정작 본인의 노후 준비는 제대로 하지 못한다면 참담한 상황이 벌어질 것이다.

  만일 당신의 나이가 75세라면 당신 자녀는 한창 그들의 자녀 뒷바라지에 힘이 부치기 시작할 때이다. 안타깝게도 자식들은 설마 당신이 자기 앞가림도 하지 않고 자신들을 돌봤을 것이라 생각하지 못한다. 그리고 당신은 자식들에게 짐이 되기를 원치 않을 것이다.

  그런 이유로 가족, 친지들과 연락을 끊고 은둔 생활을 하다가 생계유지가 힘들어 자살을 택하거나 고독사에 이르는 노인들을 우리는 뉴스를 통해 수시로 접하고 있다.

"장례비 100만 원과 고맙다는 편지를 남기고 숨진 노인" – 2014. 10. 31. 〈국민일보〉
"말기암 아내 병원비 감당 못해 노부부 동반 자살" – 2016. 03. 30. 〈연합뉴스〉
"설 연휴 첫날 70대 노인 전동차 선로로 뛰어들어 사망" – 2017. 1. 27. 〈연합뉴스〉
"쓸쓸한 죽음…… 고독사 5년새 78% 늘어" – 2017. 7. 24. 〈조선일보〉

행정자치부가 분석한 주민등록 통계에 따르면 2016년 9월 말 기준 1인 가구가 739만 가구로 전체 가구의 34.8%에 달한다. 그중 50대가 19.7%로 가장 많고, 60대도 14.9%나 된다.

우리나라의 노인빈곤률은 48.6%로 OECD회원국 평균 빈곤율의 4배나 된다. 노인자살률은 2005년 이래 지금까지 줄곧 OECD회원국 중 1위를 달리고 있다.

어쩌면 남의 일처럼 보이지만 어영부영하다가는 곧바로 내게 닥칠 미래가 된다. 이제 부모로부터가 아니라 자식으로부터 홀로 서기를 할 수 있도록 준비해야 한다. 나이 들어 자식에게 손 벌리는 부모, 그게 힘들어 은둔하는 부모가 되지 않는 것이야말로 자식을 위하는 길이다.

삼중고를 안고 있는 현 부모 세대

'자녀의 독립'과 '부모의 해방'이라는 단어가 다소 어색하게 들릴지도 모르겠다. 자녀의 독립은 자녀가 경제적으로 자립하는 것을 의미한다. 부모의 해방은 더 이상 자녀에게 경제적 지원을 해주지 않아도 되는 것을 말한다. 결국 부모의 해방은 자녀로부터의 독립이다.

은퇴 설계에서 자녀의 독립 시점을 정하는 것은 매우 중요하다. 자녀에 대한 금전적인 뒷바라지를 어느 정도까지 해줄 것인지 마지노선을 그었다면, 언제까지 뒷바라지할 것인지 그 시기에 대한 기준과 목표를 설정해야 한다. 그것이 바로 자녀의 독립 시점이자 부모의 해방 시점이다.

한국보건사회연구원이 2003년부터 2012년까지 부모의 자녀 부양 인식 변화를 정기적으로 조사한 결과에 따르면, '대학 졸업할 때까지 책임지겠다'라고 응답한 비율이 2003년 40.2%에서 2012년 49.6%로 늘어난 반면, '혼인할 때까지 돌보겠다'라는 비율은 32.1%에서 20.4%로 줄어들었다.

| 자녀 양육 책임의 범위 변화 |

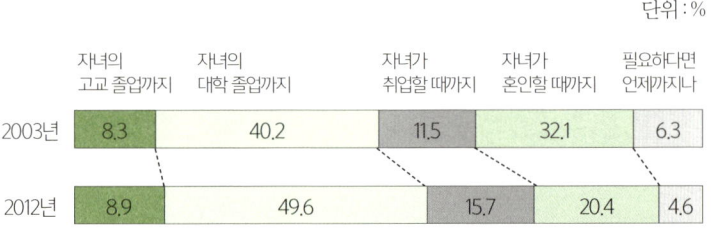

※ 출처 : 한국보건사회연구원

그리고 한국보건사회연구원이 전국 15~49세 기혼여성 1만 1,009명을 면접 조사한 '2015년 전국 출산력 및 가족보건·복지실태조사'에 따르면, '자녀 양육을 언제까지 책임져야 하느냐'는 질문에 응답자의 62.4%가 '대학 졸업 때까지 자녀 양육을 책임지겠다'라고 답변했다. 또 17.2%는 '취업할 때까지', 10.4%는 '고등학교 졸업 때까지', 8.8%는 '혼인할 때까지'라고 응답했다. '언제까지라도' 양육을 책임지겠다는 응답은 1.2%였다.

하지만 부모 연령대에 따라 상당한 인식 차를 보였다. '고등학교 졸업 때까지 책임지겠다'는 비율은 상대적으로 응답자가 젊을수록 높게 나타났다. 즉 젊은 부모일수록 자녀의 양육을 책임지겠다는 기간이 짧아졌다. 고등학교 졸업 때까지 자녀 양육을 책임져야 한다는 응답 비율이 45~49세는 5.5%에 불과했으나, 25~29세 17.2%, 25세 미만 28.8% 등이었다.

한국보건사회연구원은 현 부모 세대가 삼중고에 빠져 있다고 분석했다. 우선 성인이 된 자녀가 교육 연장, 늦은 결혼, 취업난 등으로 독립 시기가 늦춰지고 있는 데다 결혼 기피 현상까지 더해져 여전히 부모의 부양을 받고 있다. 이들을 일컫는 단어가 '캥거루족'이다. 그런데 현 부모 세대가 부양해야 할 대상은 자녀만이 아니다. 그들은 간병이 필요한 노부모를 봉양해야 할 뿐만 아니라 자신의 노후 대책까지 세워야 한다. 그야말로 삼중고를 떠안고 있는 것이다.

자녀의 독립 시기를 논하는 것이 결코 부모로서의 책임을 회피하자는 것은 아니다. 그것은 자녀들에게 스스로 냉철하게 현실을 바라보고, 주어진 시간 안에 자신의 미래를 계획하고 준비해야 한다는 것을 명확히 인식시키는 것이다.

이런 과정을 거쳐 이루어지는 부모의 해방은 곧 부모가 향후에도 자녀의 지원을 받지 않고 자립하는 것을 의미하며, 현 부모 세대가 안고 있는 부모에 대한 봉양을 자녀 세대에 대물림하지 않는 것이다.

자녀 양육의 책임 범위와 독립 시기 정하기

먼저 언제까지 자녀를 뒷바라지할 것인가에 대해 답을 내려야 한다. 다시 말해 다음 네 가지 중 한 가지를 선택해야 한다.

- 대학교를 졸업할 때까지 뒷바라지할 것이다.
- 취직할 때까지 뒷바라지할 것이다.
- 결혼할 때까지 뒷바라지할 것이다.
- 힘닿는 데까지 뒷바라지할 것이다.

그다음 단계는 그 시기를 구체적으로 가늠해보는 것이다. 다음 그림에 제시된 사례의 경우 본인은 50세, 배우자는 46세, 자녀 1은 20세(대학교 1학년), 자녀 2는 18세(고등학교 2학년)이다. 자녀 2의 결혼을 자녀 독립 시기로 본다면 부모의 해방 시점은 막내의 결혼 예정 연도 다음해인 2027년이라 볼 수 있다.

그런데 이런 결정을 내리기 전에 한 가지 주의할 점은 자녀가 그 이유를 이해할 수 있도록 대화를 충분히 나누어야 한다는 것이다.

| 자녀의 독립 시기 |

> # 자녀 독립을 위한
> ## 구체적인 재무 목표를 세워라

재무 목표부터 점검하자

재무 설계든 은퇴 재무 설계든 둘 다 재무 목표를 설정하는 것에서 출발한다. 하지만 은퇴 재무 설계는 결혼 시기, 내 집 마련, 자녀 수 등 생애 재무 설계에서 큰 변수가 될 수 있는 중요한 재무 목표들을 확정하지 못하고 있을 때의 재무 설계와는 분명 차이가 있다. 아직까지 재무 설계를 해본 경험이 없어 그동안 재무 목표를 세우지 않고 닥치는 대로 살아왔다 하더라도 마찬가지다.

은퇴를 준비하는 시점이 되면 재무 목표는 대부분 준비되었거나 준비 중이고, 비록 생각만 하고 실천에 옮기지 못하고 있더라도 이미 그 윤곽이 드러나 있을 것이다.

여기서 생애 목표와 재무 목표의 개념을 제대로 이해해야 한다. 결혼, 내 집 마련, 노후 생활 등은 생애 목표이고, 여기에 예산이 포함된 개념이 재무 목표이다. 따라서 재무 목표가 준비되었다는 것은 어떤 생애 목표를 가지고 있고, 그것을 이루기 위해 필요한 자금 규모가 어느 정도인지 파악하고 있다는 것을 의미한다.

미혼의 사회초년생이 재무 설계를 시작할 때는 결혼이라는 목표를 설정했더라도 결혼 시기를 확정할 수 없거니와 결혼 비용도 통계치 정도로 어림짐작할 수밖에 없다. 결혼 이후 자녀 계획은 더욱 오리무중이며 자녀 교육에 따른 재무 목표도 확정할 수 없다.

그러나 은퇴를 앞둔 시점이라면 비교적 재무 목표 수립이 용이하다. 다시 말해서 자녀가 독립할 때까지 큰돈 들어갈 일이 무엇인지, 그것들을 하기 위해 얼마가 필요하며, 그 돈이 준비되어 있는지, 준비가 가능한지 등에 대해 파악하고 점검하면 된다.

예를 들어보자. 한행복 씨는 현재 만 50세이고 직장은 비교적 안정적이라 정년까지 근무할 가능성이 높다. 자녀는 딸만 둘인데 대학교 1학년과 고등학교 2학년이다. 그에게 남아 있는 재무 목표는 두 자녀의 교육과 결혼, 가족여행이다. 한행복 씨의 자녀 독립을 위한 재무 목표를 정리해보면 다음 표와 같다.

여러분도 각자 자녀 독립을 위한 재무 목표를 세워보자. 각각의 재무 목표 달성에 필요한 연간 비용과 소요 기간, 총필요자금을 구하고, 이들을 어떻게 어떤 자금으로 마련할지 비고란에 기입하면 된다.

| 자녀 독립 전 재무 목표 예시 |

단위: 만 원

재무 목표		연간	기간	필요 자금	비고
자녀 1	대학교	1,200	4년	4,800	
	결혼	5,000		5,000	
자녀 2	고등학교	1,000	2년	2,000	
	대학교	1,200	4년	4,800	
	결혼	5,000		5,000	
가족 여행		1,000	1회	1,000	
합계				22,600	

자산 부채 현황표를 만들어보자

비고란을 채워넣기 어렵다면 당신은 재무 설계가 전혀 되어 있지 않다는 의미다. 그렇다고 실망할 필요는 없다. 다음 단계로, 보유하고 있는 부동산 및 금융 자산과 부채 현황표를 작성해보자.

| 부동산 및 금융 자산과 부채 현황표 |

● 부동산

	명의	자가		전세	월세		평수	구입 시기
주거용		아파트/주택/다세대/빌라/기타						
		구입가	현 시세	보증금	보증금	월세		
투자용	명의	종류	시세		반환 예정 보증금	임대료	처분 예상 시기	
			구입가	현 시세				

● 적금

금융기관	상품명	과세구분	금리	월불입액	만기금액	가입일	만기일	목적

● 펀드

금융기관	상품명	과세구분	금리	월불입액	누계액	가입일	만기일	목적

● 예금

금융기관	상품명	과세구분	금리	예치금액	가입일	만기일	목적

● 대출

대출기관	종류	원금	잔액	금리	월상환액	대출일	만기일	목적

부동산 및 금융 자산과 부채 현황이 파악되면 각각의 자산에 목적을 부여해서 앞서 살펴본 비고란을 완성해보자. 그래도 감을 잡을 수 없다면, 마지막으로 한 단계가 더 남았다.

현금흐름표를 만들어보자

현금흐름표는 매년 각각의 재무 목표를 달성하는 데 필요한 자금이 얼마인지 한눈에 보여준다. 그리고 소득 및 지출을 비교해보면 잉여 금액 또는 부족 금액을 알 수 있다. 이를 바탕으로 자산 부채 현황표를 살펴보면 부족 자금 조달 가능성과 자녀가 독립하기 전에 재무 목표를 달성할 수 있을지 여부를 판단할 수 있다.

| 현금흐름표 예시 |

단위 : 년, 만 원

재무 목표	2017	2018	2019	2020	2021	2022	2023	2024	2025	2026	2027
자녀 1 대학교	1,200	1,200	1,200	1,200							
자녀 1 결혼								5,000			
자녀 2 고등학교	1,000	1,000									
자녀 2 대학교			1,200	1,200	1,200	1,200					
자녀 2 결혼										5,000	
가족 여행							1,000				
재무 목표 합계	2,200	2,200	2,400	2,400	1,200	1,200	1,000	5,000		5,000	
연 지출	3,400	3,400	3,400	3,400	3,400	3,400	3,400	3,400	3,400	3,400	3,400
연 소득	4,800	4,800	4,800	4,800	4,800	4,800	4,800	4,800	4,800	4,800	4,800
차액	800	800	1,000	1,000	200	200	400	3,600	1,400	3,600	1,400

차액 합계 = 연 소득 − (재무 목표 합계 + 연 지출)
= 52,800 − (22,600 + 37,400) = −7,200

위 표에서 2017~2027년 재무 목표 합계액은 2억 2,600만 원이다. 그러나 당장 이 돈을 손에 쥐고 있지 않아도 된다. 지출은 여러 해에 걸쳐 발생하고, 정년퇴직 때까지 여전히 소득이 있기 때문이다. 결국 부족 자금은 7,200만 원이다. 만일 예금, 적금, 펀드 등의 금융 자산으로 대출을 상환하고 7,200만 원 이상만 남는다면 은퇴 재무 설계 1단계는 준비가 끝난 것이다.

> 노후 자금,
> 과연 얼마나 필요할까?

총액이 아니라 월 고정 지출 개념에서 출발하라

지금까지 은퇴 재무 설계 1단계라 할 수 있는 자녀 독립 이전의 재무 목표에 대해 살펴보았다. 이제는 2단계, 즉 자녀 독립 이후의 설계를 시작해보자.

앞에서 따져본 것처럼 은퇴 생활에 필요한 자금 총액을 은퇴 시점까지 마련하려고 생각하면 정말 답이 나오질 않는다. 은퇴 자금으로 최소한 10억 원이 있어야 한다거나, 20억 원은 있어야 풍요로운 은퇴 생활을 할 수 있다는 주장들은 잊어버리자.

그 주장들이 당신에게 은퇴 설계의 필요성에 대한 경각심을 일깨워주었다면 그것으로 충분하다. 은퇴 설계에서 필요 자금은 총액 개념이 아니라 월 고정 지출 개념에서 출발해야 한다.

만족스런 노후 생활을 위해서는 월 200만 원, 여유로운 노후 생활을 위해서는 월 262만 원, 풍요로운 노후 생활을 위해서는 월 402만 원이 필요하다는 출처불명의 자료들도 무시해버리자. 이것은 은행, 증권회사, 보험회사 영업사원들이 연금상품을 판매하기 위해 10여 년 전부터 애용해온 마케팅 수단에 불과하다. 노후 생활에 필요한 월 생활비는 통계자료를 기준으로 참고하되, 실제 지출 분석을 통해 도출해야 한다.

수입의 변화 시점을 파악하라

다음 쪽 표는 50대와 60대 이상의 가계수지 항목별 평균 소득과 지출에 관한 2015년 통계청 자료이다. 이 자료에서는 법정 정년퇴직 나이를 기준으로 항목별 수지 변화를 보여주고 있다.

실제로 수입 규모는 특정 연령대가 아니라 퇴직 및 재취업, 정년퇴직과 은퇴 시점을 기준으로 변한다. 여기서 퇴직은 직장을 그만두는 모든 경우를 말하는 것이고, 정년퇴직은 법정 정년인 만 60세가 되어서 직장을 그만두는 것이며, 은퇴란 노동시장에서 물러나는 것, 즉 경제활동을 그만두는 것을 가리킨다.

만약 '퇴직 → 재취업 → 은퇴'라는 단계를 거친다면 퇴직 전 소득, 재취업 소득, 은퇴 후 연금 등의 소득이라는 3단계 변화가 있을 것이다.

| 50대와 60대 이상의 가계수지 항목별 평균 소득과 지출(2015년) |

단위 : 원

가계수지 항목별	50~59세	60세 이상	비율
가구원 수(명)	3.09	2.49	
가구주 연령(세)	54.08	68.35	
소득			
근로소득	3,046,032	1,134,869	37.3%
사업소득	1,104,712	541,035	49.0%
이자, 배당, 임대소득	19,491	65,456	335.8%
연금소득	311,873	709,383	227.5%
기타 소득	132,003	151,634	114.9%
소득 합계	4,614,111	2,602,377	56.4%
지출			
기본 의식주	1,303,258	921,484	70.7%
의료비	166,855	170,138	102.0%
교통비	331,029	155,015	46.8%
통신비	174,708	82,183	47.0%
문화비(취미, 여행 등)	126,570	80,858	63.9%
교육비	373,792	43,082	11.5%
기타 지출	1,122,199	595,467	53.1%
지출 합계	3,598,411	2,048,227	56.9%

※ 출처 : 통계청

지출의 변화 시점을 파악하라

지출 규모 역시 특정 연령대나 소득에 따라 변화한다고 보기는 어렵다. 소득이 줄어들면 그에 대한 부담감이 소비에 어느 정도 영향을 미치기는 하겠지만, 소비도 습관이라 오래지 않아 기존의 소비 패턴으로 복귀한다.

    지출 감소에 직접적인 영향을 미치는 것은 가족 구성원의 변화이다. 자녀가 독립하면 식비와 피복비, 교통통신비와 용돈 등은 물론이고 가스, 전기, 수도 등 기본적인 주거관리비도 줄어든다. 따라서 지출 변화의 기준은 자녀의 경제적 독립 시기가 된다. 만약 자녀가 두 명이라면 지출의 변화도 '자녀 독립 전 → 첫째 자녀 독립 후 → 둘째 자녀 독립 후'로 3단계의 변화를 거칠 것이다.

    이제 93쪽 표의 연령대별 소득과 지출의 변화를 참고하면서 자신의 실제 수입과 지출에 대한 분석과 예측을 해보자. 홈택스를 통해 연말정산을 했다면 각종 증빙자료를 통해 손쉽게 연간 소득과 지출 규모를 알 수 있다. 또한 부양가족별로 연간 보험료와 의료비, 교육비 지출 내역을 알 수 있으며 신용카드와 직불카드 사용 내역, 현금영수증 발급 내역을 알 수 있으므로, 자녀에 대한 지출을 어느 정도는 예측할 수 있다. 만약 가계부를 꼼꼼히 쓰고 있다면 지출 분석은 그다지 어렵지 않다. 자녀에 대한 지출 규모를 좀 더 정확히 알고자 한다면 카드사로부터 연간 신용카드 지출 내역을 받아서 확인하는 방법이 있다.

    이도저도 하기 어렵다면 자녀 독립 이후의 예상 지출 규모는 기본 의식주에 대한 지출이 평균적으로 기존 지출의 70% 내외라는 것을 기준으로 삼으면 된다(93쪽 표 내용 중 기본 의식주 항목 참조). 기타 지출 항목에 대해서는 자신의 건강 상태나 생활 패턴, 취미나 여가 생활 선호도에 따라 산정하면 된다.

표에 따르면 평균 문화비는 50~59세 126,570원에서 60세 이후 80,858원으로 줄었다. 하지만 평소 여행을 즐겨왔고 이후로도 여행을 다니길 원한다면 문화비를 늘리면 된다. 각자의 상황에 맞춰 다음 표를 작성해보자.

| 개인별 소득과 지출의 변화 |

소득			
기준	퇴직(세)	재취업(세)	은퇴(세)
근로소득			
사업소득			
이자, 배당, 임대소득			
연금소득			
기타소득			
소득 합계			

지출		
기준	자녀 독립 전	자녀 독립 후
기본 의식주		
의료비		
교통비		
통신비		
문화비(취미, 여행 등)		
교육비		
기타 지출		
지출 합계		

> 나의 노후 자금은
> 얼마나 부족한지 계산해보자

퇴직 이후 고정 소득은 얼마나 될까

필요 자금의 윤곽이 나왔다면 이번에는 은퇴 시점까지 준비할 수 있는 준비 자금이 얼마인지 알아볼 차례다. 이러한 분석 역시 앞서 필요 노후 자금 규모를 살펴본 것과 마찬가지로, 퇴직 이전까지 마련 가능한 모든 자금을 통틀어 합산하는 것이 아니라 퇴직 이후 매달 고정적인 소득이 얼마인지를 계산하는 방식이어야 한다.

경제활동에서 물러난 이후 고정적으로 발생할 수 있는 소득은 어떤 것들이 있을까? 가장 먼저 떠올릴 수 있는 것은 국민연금과 퇴직연금이다. 그리고 임대부동산을 가지고 있다면 임대소득이 발생할 것이고, 금융 자산이 있다면 이자나 배당소득이 있을 수 있다. 그 외 개별적으로 보험회사에 가입한 각종 연금도 고정적인 소득이 된다.

만약 이러한 소득으로 매월 고정지출을 충당할 수 없다면 살고 있는 집을 담보로 연금 형태로 대출을 받는 주택연금이나, 목돈을 일시금으로 넣고 다음 달부터 연금으로 지급받는 즉시연금으로 고정적인 소득을 만들 수 있다.

그리고 경우에 따라 생각지 못한 고정소득이 생길 수도 있다. 취업하거나 출가한 자녀로부터 받는 용돈이다. 개인적인 사정이나 가치관에 따라 다를 수 있지만, 20년 이상 자녀를 부양하고 교육시킨 만큼 자녀가 취업을 해서 소득이 생긴다면 매월 일정 금액을 용돈으로 받는 것도 괜찮다고 생각한다. 만약 필자의 생각에 동의한다면 은퇴 여부와 무관하게 자녀가 첫 월급을 받는 날부터 바로 실행에 옮기는 것이 좋겠다. 이 역시 습관이 중요하기 때문이다.

이렇게 자녀로부터 받은 용돈은 노후 자금으로 쓸 수도 있지만, 가급적 자녀의 결혼 자금 등의 용도로 별도로 적립해두기를 권한다. 그렇게 한다면 부모를 봉양하는 효도 습관도 기르고, 자녀의 결혼 자금 등을 마련하는 부담도 줄일 수 있어 일거양득의 효과를 거둘 수 있다.

만약 다음 쪽 표와 같이 은퇴 이후의 소득을 예측할 수 있으면 예상 지출 규모와 비교해서 부족 자금을 산출할 수 있다. 은퇴 자금에 여유가 있다면 은퇴 시점을 앞당길 수도 있고, 경제활동에 얽매이지 않고 다양한 봉사활동이나 여가생활을 하면서 그만큼 풍요로운 노후를 즐길 수 있을 것이다. 또한 은퇴 자금이 부족한 경우에도 어느 정도 부족한지 예측할 수 있으므로 필요 이상의 걱정을 하지 않아도 된다. 부족 자금의 규모에 따라 적절한 대책을 마련하면 될 일이다.

표의 맨 오른쪽 칸에는 각자의 예상 소득을 정리해보자. 예시의 월 생활비 250만 원은 93쪽 표에 나오는 60세 이상의 평균 지출 합계액 2,048,227원을 기준으로 삼아 문화비를 50여만 원 정도 늘려 잡은 금액이다. 국민연금은 공단에서 보내주는 예상 수령액을 통해 예측할 수 있다. 예시에서는 국민연금 가입 기간 30년 내외의 대기업 생산직 근로자를 기준으로 삼았다.

| 퇴직 이후 예상 소득 |

구분	금액	비고	나의 예상 소득
은퇴 연령	60세		
기대수명	90세		
월 생활비	2,500,000원	자녀 독립 후 고정 지출	
국민연금	1,300,000원	예상 수령액 확인	
퇴직연금	420,000원	퇴직금 1억 원, 30년 확정지급	
개인연금	170,000원	10년간 연 400만 원 납입 가정	
주택연금	450,000원	주택 가격 2억 원, 60세 기준	
임대소득		임대부동산 시세에 따라 변동	
이자·배당소득			
기타			
소득 합계	2,340,000원		
부족 자금	160,000원		

부족한 노후 자금을 충당하는 세 가지 방법

앞 쪽 표의 계산에 따르면 매달 16만 원이 부족하다. 이런 경우 해결책은 두 가지다. 소득을 늘리거나 지출을 줄이는 것이다. 소득을 늘리기는 은퇴 전, 소위 현역에 있을 때도 쉽지 않다는 것을 우리는 익히 잘 알고 있다. 하물며 은퇴 이후에 소득을 늘리는 것이 쉬울 수 있겠는가! 마땅한 방법을 찾지 못하면 결국 재취업이나 창업에 생각이 미치게 된다.

그럼 실제로 부족한 노후 자금을 어떻게 충당해야 할까? 사람들이 가장 흔히 사용하는 방법은 다음 세 가지다. 재취업과 창업 그리고 지출 절감이다.

재취업, 일과 삶의 조화를 생각하라

부족 자금의 규모가 크지 않다면 지출을 줄여서 해소할 수도 있지만, 가능하면 벌어서 충당하겠다고 마음먹는 것이 여러모로 바람직하다.

그러나 막연히 노후 자금이 부족하니 무작정 재취업을 해야 한다는 강박관념을 가지고 일자리를 찾아 헤맨다면 크고 작은 장애물에 부딪히기 마련이다. 고령, 사회적 위신과 체면, 신체적·기술적 능력, 저임금이라는 장애물들이 앞길을 가로막는다.

반면 매월 얼마나 부족할지 알고 있다면 직업에 대한 고정관념을 버리고 자신의 흥미와 적성, 능력 등을 고려하여 부족한 만큼만 벌 수 있는 일자리를 찾으면 의외로 쉬울 수 있다.

오로지 돈을 벌기 위해 일하는 일자리에 매달리지 말고, 일 자체에서 의미를 찾고 보람을 느낄 수 있는, 일과 삶이 조화를 이루는 그런 일을 찾아보자. 정년 이전만큼 월급을 받을 수는 없어도 필요한 만큼 벌 수 있는 적당한 소득의 일자리가 있을 것이다. 각종 시간제 근로(아르바이트)나 지방자치단체에서 시행하는 공공근로에도 관심을 가져보자. 30만~50만 원 정도는 충분히 벌 수 있다. 특기와 재능을 살려 각종 봉사활동을 하면서 실비 정도의 수당을 받을 수 있는 일들도 있다.

이런 일들이 흡족할 만큼의 금전적 대가를 주진 않겠지만 어쩌면 그보다 더 소중한 것들을 줄 수도 있다. 그것은 바로 일을 통해 만들어지는 사회적 관계망, 그로 인한 존재감과 소속감, 할 수 있다는 자신감과 자부심, 그리고 무엇보다 삶을 향유할 수 있는 시간이다.

은퇴 창업은 노후 파산의 지름길

소득을 늘릴 방안을 강구하다가 한 번이라도 때늦은 창업을 떠올렸다면 가정의 안녕에 '경계경보'가 발령된 것이라 생각해도 무방하다. 오랜 경기 침체로 자영업이 위기에 몰리고, 창업 후 3년 만에 휴폐업을 하는 자영업자가 절반에 가깝고, 10년 생존율이 25%도 안 된다는 얘기는 다들 들어보았을 것이다. 특히 재취업이 어려워 자영업을 택하는 은퇴 창업자의 실패 확률은 더욱 높다.

2015년 7월 국민연금연구원이 펴낸 〈중·고령자 경제생활 및 노후준비 실태〉 연구 보고서에 따르면 50세 이상 자영업자 절반가량(44.7%)의 월평균 소득은 100만 원 미만이었다. 그다음으로 100만~200만 원이 21.3%였으며, 300만 원 이상이 17.9%, 200만~300만 원이 16.1%였다.

   그리고 2017년 7월 국세청 발표한 '2017년 국세통계 조기공개' 자료에 따르면, 2016년 자영업 창업자 수는 122만 6,443명으로 전년보다 3% 증가하는 데 그친 반면, 폐업자 수는 90만 9,202명으로 전년 대비 15.1% 증가했다. 이는 폐업자 수가 2004년 96만 4,931명을 기록한 이후 12년 만의 최대치였다. 2016년 한 해 동안의 휴폐업 숫자로 본다면 하루에 3,360명이 창업을 했고 2,490명이 폐업을 한 것으로, 폐업자 수가 창업자 수의 74.1%에 달하고 있는 셈이다.

| 자영업 창업자와 폐업자 수 추이 |

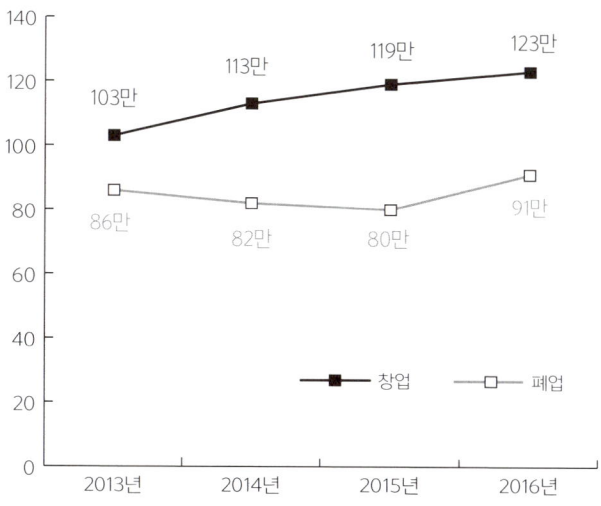

참고로 2015년 자영업자의 월평균 소득이 147만 원 수준이라고 하니, 두 사람이 일해야 겨우 한 사람 월급 정도를 번다는 말이다.

이런 참담한 창업 현실이 알려져 있음에도 불구하고 자영업자가 자꾸만 늘어나는 것은 무슨 이유일까? 절반이 3년을 버티기 힘들다는데, 절반이 200만 원도 못 번다는데, 속된 말로 부부 둘이 개고생을 해야 겨우 먹고산다는데 왜 창업을 할까?

그래도 취업보다는 쉽고, 남의 밑에서 일하는 것보다는 속 편할 것이라고 생각하기 때문이다. 누군가 창업 성공을 위한 10계명 중 제1계명이 "나는 절대로 실패하지 않는다라고 생각하지 마라"라고 했다. 나는 이 말에 절대적으로 공감한다. 그래서 가급적 창업은 말리고 싶다. 특히 은퇴 창업에 실패하면 회복할 기회도 없이 빈곤층의 나락으로 떨어진다. 그럼에도 불구하고 창업을 선택한다면 철저한 준비만이 유일한 살길이다.

지출 절감, 생각이 아니라 구조를 바꿔라

지출을 줄여서 부족한 노후 자금을 충당하려고 한다면 명심해야 할 것이 있다. 지출 또한 오랜 습관이라는 사실이다. 수십 년간 길들여진 지출 습관이 결심 한 번으로 단번에 바뀌지는 않는다.

지출 절감에 성공하려면 구조적으로 지출을 줄어들게 만들어야 한다. 첫 번째 방법은 거주 주택의 규모를 축소하는 것이다. 주택의 규모가 작아지면 냉난방비, 관리비, 재산세 등이 자동적으로 줄어든다. 부가적으로는 주택 매매 차액으로 대출을 상환할 수 있으므로 이자 비용도 줄어든다.

두 번째 방법으로 승용차를 버리는 건 어떤가? 승용차는 아파트처럼 시세차익을 기대할 수 있는 자산이 아니라 고가의 소모품이다. 구입하는 순간 중고차가 되며 차량 가치는 시간이 갈수록 떨어진다. 거기다 보험료와 자동차세, 그리고 유류비, 주차비, 수리비 등 유지 보수 비용도 만만치 않다. 간혹 과태료나 범칙금도 물어야 한다.

승용차 대신 버스나 전철을 이용하는 것이 불편하다면 콜택시나 카카오택시를 이용하자. 자가용 승용차보다 저렴한 비용으로 기사 딸린 승용차를 이용하는 셈이다.

오랜 세월 익숙해진 주거 환경을 변화시키는 것도, 승용차를 버리는 것도 어쩌면 다소 극단적인 방법이라 결단을 내리기가 쉽지 않을 것이다. 그럼에도 불구하고 여기서 이를 통해 강조하고자 하는 바는 '절약하겠다는 마음만으로는 지출을 줄이기 어려우므로 작든 크든 구조적인 변화를 모색해야 한다'는 것이다.

> ## 퇴직금을 노리는
> ## 가장 무서운 적은

독립심을 키우고 뚜렷한 목표를 갖게 하라

우리나라 부모의 자녀 사랑은 각별하다. 그런데 출산율이 떨어지면서 그러한 사랑이 한두 자녀에게 집중되다 보니 각별함이 정도를 넘어선다.

어려서부터 자녀가 스스로 판단해야 할 많은 부분을 부모가 앞장서서 계획하고 결정하고 해결해주다 보니 자녀가 혼자서 제대로 할 수 있는 일이 없다. 대학교를 졸업하고, 취업을 하고, 결혼한 뒤에도 부모에게 의존한다. 그만큼 자녀에 대한 뒷바라지 기간이 늘어나고, 비용이 많이 들어간다. 결국 부모의 노후 자산을 까먹는 것이다.

각별한 자녀 사랑 2탄! 내 아이가 다른 집 아이보다 뒤처져서는 안 된다! 피아노, 미술, 운동 등 남들 하는 건 다할 줄 아는 만능 인재로 키우기 위해 아낌없이 투자한다. 물론 학교 성적도 좋아야 한다. 영어학원, 수학학원, 과학학원, 논술학원 등 각종 학원에 다니느라 주말도 휴일도 없이 학창 시절을 보낸다.

결국 자녀가 뭘 하고 싶어 하는지, 뭘 잘하는지 부모도 자식도 알 길이 없다. 명문 대학교에 들어가는 게 지상 최대의 과제다. 대학교에 입학한 뒤에도 달라질 게 없다. 이번에는 스펙을 쌓아서 좋은 직장에 들어가는 것이 지상 최대 과제다.

어렵사리 취업을 해도 하는 일이 적성에 안 맞고, 적성에 맞지 않으니 재미가 없고, 재미가 없으니 일을 열심히 하지 않고, 일을 열심히 하지 않으니 성과가 나지 않고, 성과가 나지 않으니 상사의 눈 밖에 나는 경우가 많다. 그러다 회사를 그만두고 집에 들어앉으면 마냥 노는 것도 눈치가 보이고 이 궁리 저 궁리 끝에 창업이나 해볼까 하는 마음이 들썩일 때 머릿속을 스치는 것이 있으니, 그것은 바로 아버지의 퇴직금!

뚜렷한 목표를 가지고 매진하도록 가르치지 못한 대가로 노후 자금이 자녀의 창업 자금으로 사라져버린다. 이런 현실을 반영하듯 '퇴직금을 노리는 가장 무서운 적은 바로 자식'이라는 말이 있다. 이 말이 '자식 이기는 부모 없다'는 말과 결합하면 '부모는 퇴직금을 노리는 자식을 이길 수 없다'가 된다.

효도는 습관이다

은퇴 설계 교육을 하면 항상 올바른 자녀 교육으로 은퇴를 준비하라고 말하는데, 이 말은 자녀로 하여금 부모를 봉양하도록 교육하라는 의미가 아니다.

인정하기 싫어도, 자식이 당연히 부모를 모시고 사는 시대는 끝났다. 여기서 말하는 자녀 교육이란 독립심을 키워주고, 뚜렷한 삶의 목표를 갖게 하며, 효도하는 습관을 길러주라는 것이다. 효도는 이론을 통해 학습하는 것이 아니다. 《삼강오륜》을 가르친다고 모두가 효자, 효녀가 되는 것은 아니다. 효도는 눈과 귀를 통해 몸에 밴 습관이다.

만약 당신이 부모님을 정성으로 모시는 모습을 자녀가 어릴 때부터 봐왔다면 절반은 되었다. 이제 자녀가 효를 실천하도록 부모가 도와야 한다.

예를 들자면 자녀의 생일 선물만 챙겨줄 것이 아니라 자녀로부터 생일 선물을 챙겨 받는 것이다. 어릴 때부터 작은 선물이라도 스스로 마련하도록 습관을 들였다면 좋겠지만 지금이라도 늦지 않았다. 작은 효도를 받는 것에도 익숙해져야 한다.

"아버지 생신인데 오늘 저녁 식사는 제가 근사한 곳으로 모시겠습니다." 그런데 아버지는 "그래? 그거 좋지. 고맙구나!"라고 말하는 대신, 그게 가장으로서의 위신이나 자존심을 지키는 것인 양 "아니, 너희가 무슨 돈이 있다고. 아직 이 아버지가 그 정도 힘은 있다. 바쁜데 생일이라고 와주는 것도 고마운데 밥은 내가 사야지."

이렇게 말했다가는 자식이 사는 밥 한 끼 먹을 날은 요원해진다.

시어머니 생신이라 생신상을 차리겠다고 며느리가 집에 왔는데, "직장 다니느라 바쁠 텐데 뭐하러 왔어? 마음만으로도 고맙구나. 넌 방에 들어가서 애들이나 보고 있거라. 내가 얼른 준비할 테니"라며 결국 본인의 생일상을 직접 차리는 진풍경이 벌어진다.

효자, 효녀는 부모가 만든다는 말도 있지 않는가!

자녀를 꿈과 목표를 가진 자립형 효자, 효녀로 키운다면 은퇴 준비의 부담은 절반 이상 줄어든다.

3

퇴직 후 연금으로 먹고살려면

> # 국민연금,
> ## 최대한 많이 받자

보험료를 납부하기 힘들다면 납부 예외 신청을 하자

정년을 못 채우고 희망퇴직을 하게 되었는데, 재취업이 여의치 않아 골머리를 앓고 있는 와중에 달갑지 않은 '자격 취득 통지서'가 날아온다. 국민연금 지역가입자가 되었다는 안내문과 보험료를 납입하라는 통지서다.

퇴직을 해서 소득이 없어도 보험료를 내야 하는 것일까? 직장에서 퇴직을 했어도 만 60세가 되지 않았다면 국민연금 지역가입자로 전환되고 보험료를 납부하는 게 원칙이다.

그러나 배우자가 국민연금 가입자로서 보험료를 납부하고 있거나 노령연금을 받고 있다면 무소득 배우자로 간주되어 지역가

| 국민연금공단에 납부 예외 신청하기 |

입자 대상에서 제외되므로 보험료를 납부하지 않아도 된다. 본인이 공무원연금 등 다른 공적연금(사립학교교직원연금, 군인연금, 별정우체국직원연금) 가입자 또는 수급자이거나, 기초생활자수급자인 경우에도 지역가입자 대상이 아니다.

그리고 지역가입자가 되었다 해도 소득이 없거나 급격히 줄어든 경우에는 '납부 예외 신청'을 하면 소득이 없는 기간 동안 보험료를 내지 않아도 된다. 신청은 사유 발생일로부터 그다음 달 15일 이내에 해야 하고, 납부 예외 기간은 3년까지 설정할 수 있으며, 3년이 지난 후에도 60세가 되지 않았거나 소득이 없다면 기간을 연장할 수 있다.

국민연금공단 콜센터(1355번)에 연락하거나 국민연금공단에 직접 방문하여 신청할 수 있다. 이미 지역가입자 자격 취득 안내문을 받은 경우에는 인터넷으로도 가능하다. 국민연금공단 홈페이지(www.nps.or.kr)에 접속한 후 공인인증서로 로그인하고 메인 화면에서 '민원신청'을 클릭하고 안내에 따라 필수 프로그램을 설치한 후 '개인전자민원 〉 신고 / 신청'에 들어가 '소득 없는 개인의 납부 예외신청'을 하면 된다.

실업크레딧제도를 활용하자

반면 퇴직으로 소득이 없어 국민연금 보험료를 납부하기 어려운 실업 기간이지만 보험료 납부를 희망한다면, 정부가 최대 1년간 보험료의 75%를 지원해주고 그 기간을 추가로 국민연금 가입 기간에 포함시켜 국민연금을 더 많이 받을 수 있게 한 '실업크레딧 제도'를 이용할 수 있다. 이 제도는 2016년 8월 1일부터 시행 중이다. 다만 재산세 과세표준액이 6억 원 이하이고, 사업소득 및 근로소득을 제외한 연간 종합소득액이 1,680만 원 이하인 경우로 제한하고 있다.

연금보험료의 25%를 본인이 부담하면 나머지 75%를 정부에서 지원해주는데, 1인당 최대 12개월까지 지원된다. 연금보험료는 인정 소득을 기준으로 납부해야 하는데, 인정 소득은 실직 직전에 받았던 3개월 평균소득의 50%에 해당하는 금액으로 최대 70만 원을 초과할 수 없다.

예를 들어 실직 전 급여가 200만 원이었다면 이 금액의 50%인

100만 원이 보험료 부과 기준이지만, 70만 원이 인정 소득의 상한선이므로 70만 원에 대해서만 부과된다. 따라서 월 보험료는 63,000원(70만 원×보험료율 9%)이고, 가입자 부담금은 15,750원(63,000원×25%)이다.

실업크레딧은 국민연금공단과 고용노동부 고용센터에서 신청할 수 있으며, 구직급여를 신청할 때 실업크레딧을 함께 신청해도 된다.

그 외에도 2008년 1월 1일 이후 두 자녀 이상을 얻거나 병역의무를 이행했을 때 가입 기간을 추가로 인정해주는 '출산크레딧제도'와 '군복무크레딧제도'도 있으니 활용하면 도움이 된다. 출산크레딧제도는 둘째아는 12개월, 셋째아는 18개월, 넷째아는 48개월, 다섯째아 이상은 50개월의 연금 가입 기간을 추가해준다. 군복무크레딧제도는 6개월 이상 병역 의무를 수행한 사람에게 6개월을 추가로 인정해준다. 이 경우에 해당된다면 국민연금공단에 문의하기 바란다.

'밀당'이 가능한 국민연금

국민연금 보험료의 납입 만기는 만 60세이다. 만기까지 120개월(10년) 이상 보험료를 냈다면 수급 개시 연령이 되는 해의 생일 다음달 25일부터 연금을 받을 수 있다. 만일 10년을 못 채운 경우에는 연금 수급 시기에 일시금으로 받는다.

| 국민연금 수급 개시 연령 |

출생년도	52년생 이전	53~56년생	57~60년생	61~64년생	65~68년생	69년생 이후
수급시기	만 60세	만 61세	만 62세	만 63세	만 64세	만 65세

조기노령연금

그러나 만 60세가 되기 전에 퇴직하는 경우 수급 개시 연령으로부터 최장 5년까지 앞당겨 받을 수 있다. 이를 '조기노령연금'이라 한다. 국민연금 가입 기간이 10년이 넘고, 월평균소득이 최근 3년간 국민연금 전체 가입자의 월평균소득보다 적은 경우에 신청할 수 있다. 조기노령연금을 신청하면 1년 앞당길 때마다 연금 수령액이 연 6%씩 줄어든다는 것을 감안해야 한다. 5년 전에는 70%, 4년 전에는 76%, 3년 전에는 82%, 2년 전에는 88%, 1년 전에는 94%를 수령한다.

예를 들어 1969년생의 경우 수급 개시 연령은 만 65세지만 조기연금제도를 활용해 5년을 앞당겨 받으면 60세부터 연금을 받을 수 있다. 이 경우 만약 원래 받아야 할 노령연금이 100만 원이라면 여기서 30% 줄어든 70만 원을 받는다.

연기연금

이처럼 국민연금(노령연금)을 앞당겨 받을 수도 있지만, 반대로 늦춰서 받을 수도 있다. 이른바 '연기연금'이다. 노령연금을 수령하는 동안 다른 소득이 발생하면 수령액이 깎이게 되는데 이때 활용하면 좋다. 요즘은 퇴직한 이후에도 재취업을 하는 사람이 느는 추세라 연기연금을 신청하는 사람들이 많다.

연기연금은 최장 5년까지 연장할 수 있다. 1년씩 늦출수록 7.2%의 연금을 더 받는다. 2년 뒤에는 14.4%, 3년 뒤에는 21.6%, 4년 뒤에는 28.8%, 5년 뒤에는 36%를 더 받을 수 있다. 예를 들어 매달 100만 원씩 받을 연금을 5년 뒤에 받으면 매달 136만 원씩 받을 수 있다.

또한 노령연금 중 일부만 연기하는 것도 가능한데, 이를 '부분 연기연금'이라고 한다. 연기 비율은 50%, 60%, 70%, 80%, 90% 중에서 선택할 수 있다. 이때 연기 비율만큼의 수령액에 대해서만 매년 7.2%씩 더 받을 수 있다.

다음 표는 100만 원을 수령한다고 가정했을 때 일부 연기를 하면 5년 뒤 수령액이 얼마나 되는지 살펴본 것이다.

| 일부 연기할 경우 5년 뒤 수령액 |

연금수령연령	만 60~65세 미만	만 65세 이상
연기하지 않는 경우	100만 원	100만 원
50% 연기하는 경우	50만 원	109만 원
60% 연기하는 경우	40만 원	121만 6000원
70% 연기하는 경우	30만 원	125만 2000원
80% 연기하는 경우	20만 원	128만 8000원
90% 연기하는 경우	10만 원	132만 4000원
100% 연기하는 경우	0원	136만 원

조기연금이 좋을까, 연기연금이 좋을까

조기연금을 받으면 손해라는 의견이 많다. 그 이유는 총수령액이 줄어들기 때문이라는 것이다. 그러나 조기연금은 매년 6%씩 감액되니 반드시 손해라거나, 연기연금은 매년 7.2%씩 증액되니 반드시 이득이라고 단정지어 말할 수는 없다.

5년을 앞당겨 조기연금을 받을 경우와 수급 개시 연령이 되어 노령연금을 받을 경우를 비교해보자. 예를 들어 5년 앞당겨 만 60세부터 연금을 받으면 단순 계산해보면 4,200만 원(70만 원×60개월)을 먼저 받는 셈이다. 표면상 제때 받는 것보다 매월 30만 원씩을 덜 받지만, 먼저 수령한 4,200만 원이 있기 때문에 제때 받는 사람들이 조기연금 수령자와 수급 총액이 같아지기까지 140개월(11년 8개월)이 걸린다. 결국 만 76세 9개월차부터 매월 30만 원씩 실질적인 손해가 발생하는 것이다.

| 조기연금과 제때 받는 연금의 수령액이 같아지는 시점 |

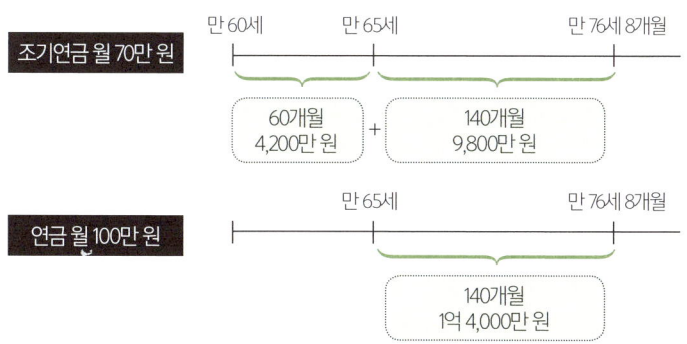

나이와 앞당기는 기간, 그리고 연금 수령액에 따라 차이는 있지만, 노령연금 수급 총액이 조기연금 수급 총액보다 많아지는 시기까지 얼마나 걸리는지 계산해보고 자신의 처지를 고려하여 미래의 손해를 감수할 것인지 아닌지를 판단해야 한다.

그리고 5년을 미뤄 36%가 증액된 연기연금을 받을 경우와 제때 노령연금을 받을 경우를 비교해보더라도 마찬가지다. 연기연금 수급 총액이 노령연금 수급 총액보다 많아지기까지 상당한 기간이 소요된다. 예를 들어 5년 연기하면 6,000만 원(100만 원 × 60개월)을 덜 받는 대신 5년 후부터 매달 136만 원을 받을 수 있다. 매달 36만 원씩 더 받을 수 있지만, 60세부터 수령한 연금 총액과 같아지려면 연금 수령일부터 14년(36만 원 × 167개월 = 6,012만 원)이 지나야 한다. 결국 79세부터 이익이 발생한다고 보면 된다.

게다가 연금 수령 시기를 늦출수록 총연금 수령 기간이 줄어든다는 것을 간과해선 안 된다. 국민연금은 가입자가 생존해 있는 동안만 받을 수 있으므로 연금이 증액되었다 한들 오래 살지 못하면 소용이 없다. 또한 연기 도중 사망할 경우에는 연기하지 않을 때보다 연금을 더 적게 받을 수도 있다.

따라서 당기거나 미뤄 받을지, 제때 받을지 선택하기에 앞서 국민연금공단을 방문해서 상담을 받아보고, 자신의 건강 상태를 고려해서 판단하는 것이 최선이다.

> 덜 받거나, 나눠 받거나,
> 못 받을 수도 있다

다른 소득이 있으면 덜 받는다

　조기연금을 고려하는 경우는 대부분 은퇴 준비가 제대로 안 되어 당장 생활비가 부족하기 때문이다. 반면 연금을 늦춰 받는 연기연금은 연간 7.2%씩 증액되는 연금을 받기 위해서라기보다 오히려 감액을 피하기 위해 고려하는 제도라 할 수 있다. 왜냐하면 연금 수급 개시일 이후 일정 금액 이상의 다른 소득(근로소득이나 사업소득)이 있을 경우 국민연금을 100% 온전히 다 받을 수 없기 때문이다.

　국민연금이 감액되는 소득의 기준은 최근 3년간 국민연금 전체 가입자의 월평균 소득금액인데, 이를 A값이라 한다. 국민연금 수령자의 월평균 소득금액이 A값을 초과하면 소득 구간별로 연금액이 줄어드는 방식이다. 여기서 월평균 소득금액은 근로소득과 사업소득을 더한 것으로, 근로소득은 총급여에서 근로소득공제액을 뺀 것이고, 사업소득은 총수입금액에서 필요경비를 뺀 것이다.

2015년 7월 29일 이전에는 연금 수급 개시 후 5년간 나이에 따라 감액 비율이 달랐다. 첫 해에는 50% 감액하여 지급하고, 매 1년마다 10%씩 늘어나 5년이 지나야 100%를 지급했다. 그런데 감액 비율이 너무 높다는 불만이 많았고 이 때문에 재취업을 꺼리는 경우도 있었다. 또 일부 사업주들이 이 점을 악용해서 국민연금 수령자가 재취업할 경우 이면 계약서를 작성해 추가 급여를 챙겨줄 것을 약속하고 A값 미만으로 고용 계약을 체결한 후 추가 지급 약속을 지키지 않는 등의 문제도 종종 발생했다.

이런 문제점을 해결하기 위해 2015년 7월 29일부터는 A값을 초과한 소득을 100만 원 단위 5개 구간으로 나눠 구간이 높아질수록 5%씩 감액률을 높이는 '소득 구간별 감액' 방식으로 바뀌었다.

| 소득 구간별 감액 기준 |

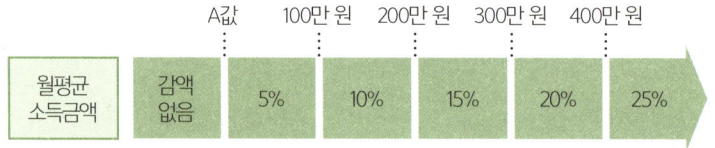

예를 들어 월평균 소득금액이 348만 원이라면 A값(2017년 A값은 2,176,483원이니 218만 원으로 가정)보다 130만 원을 초과한 것이다.

따라서 100만 원까지는 5%, 100만 원 초과 200만 원까지는 10%이므로 국민연금에서 감액되는 금액은 8만 원{(100만 원 × 5%) + (30만 원 × 10%)}이다.

이혼한 배우자와 나눠 갖는다고?

분할연금은 말 그대로 연금을 나눠서 받는 것인데, 이혼이 분할연금의 사유가 된다. 다시 말해 이혼을 하면 전 배우자의 노령연금액의 50%를 혼인 기간만큼 받을 수 있다. 이혼한 전 배우자가 정신적·물질적으로 기여한 것을 인정해 연금을 보장해주기 위함이다. 다만 혼인 기간 중 국민연금보험료 납부 기간이 5년 이상이어야 한다.

분할연금은 국민연금공단에 청구만 하면 수급권자의 동의 없이 바로 지급된다. 재혼을 하든 안 하든 상관없다. 연금 수급 개시일이 도달하지 않은 경우에는 이혼일로부터 3년 이내에 분할연금을 미리 청구(분할연금 선청구)하면 된다. 예를 들어 50세에 이혼했다면 53세 이전에 청구하고 10여 년 뒤에 받을 수 있다.

분할연금 신청 요건은 다음 세 가지이다.

- 이혼
- 이혼 전 배우자의 노령연금수급권 취득
- 본인의 국민연금 수급 개시일 도달

노령연금과 유족연금 둘 중 하나만 받는다

노령연금과 유족연금처럼 둘 이상의 수급권이 발생할 경우에는 하나만 지급되고, 나머지는 지급이 정지되거나 제한을 받는다. 한정된 재원으로 좀 더 많은 사람들이 골고루 혜택을 누려야 한다는 사회보험의 원리에 따른 것이라고는 하지만, 보험료를 내고 연금을 받는 사람의 입장에서는 불합리하다고 볼 수 있다.

예를 들어 맞벌이 부부가 각자 국민연금에 가입한 경우, 둘 다 생존해 있으면 각자 노령연금을 받을 수 있다. 그러나 둘 중 한 사람이 먼저 사망한다면 이야기가 달라진다. 생존해 있는 사람에게 본인의 노령연금과 배우자 유족연금이라는 두 개의 급여가 생기기 때문이다.

이때는 본인의 노령연금액보다 배우자의 유족연금액이 크다면 배우자의 유족연금 전액을 수령하고, 본인의 노령연금액이 배우자의 유족연금액보다 크다면 본인의 노령연금액과 배우자 유족연금액의 20%를 받을 수 있다. 예를 들어 본인의 노령연금액이 100만 원이고 배우자 유족연금액이 80만 원이면 116만 원(본인 100만 원 + 배우자 80만 원 × 20%)을 받으면 되고, 반대로 본인의 노령연금액이 80만 원이고 유족연금액이 100만 원이면 100만 원을 받는다.

- 본인 노령연금액 < 배우자 유족연금액 = 배우자 유족연금 전액
- 본인 노령연금액 > 배우자 유족연금액 = 본인 노령연금액 + 배우자 유족연금액 20%

그리고 국민연금뿐만 아니라 다른 법률에 의한 중복 급여를 받는 경우에도 지급이 조정되거나 정지된다. 만약 제3자의 가해로 인해 장애 또는 사망에 이르게 되어 장애연금이나 유족연금을 받게 된 경우, 가해자로부터 손해배상액을 받는다면 그 배상액의 범위 안에서 연금 지급이 정지된다.

또한 국민연금의 장애연금이나 유족연금 수급권자가 동일한 사유로 근로기준법이나 산업재해보상 보험법, 선원법, 어선원법 및 어선재해보상법에 의해 장애보상 또는 유족 보상을 받을 수 있게 된 경우에는 그 장애연금 또는 유족연금액의 50%만 지급받을 수 있다.

하지만 국민연금과 공무원연금은 중복 급여 조정 대상이 아니다. 부부 중 한 사람은 국민연금에 가입해 있고 다른 한 사람은 공무원연금에 가입해 있을 경우, 두 사람 중 한 사람이 먼저 사망하면 생존해 있는 사람은 본인의 연금 전액과 배우자의 유족연금액 모두를 수령할 수 있다.

> # 퇴직연금, 제대로 알아보자

퇴직금 얼마나 받을지 계산해보자

　퇴직금은 원래 근로자의 안정적인 노후 생활 보장에 보탬이 되고자 만들어진 것이다. 그런데 과거에는 대부분의 근로자들이 퇴직금을 결혼, 내 집 마련, 자녀 교육 등 재직 중에 목돈이 필요할 때 중간정산을 받는 수단으로 사용하는 경우가 많았다. 중간정산을 받지 않더라도 이직이 잦은 경우 퇴직금이 구직 기간 중 생활 자금으로 사용되어, 정작 정년퇴직 시에 받는 퇴직금은 노후 자금으로 사용하기에 턱없이 부족한 게 현실이었다.

　이에 2005년 12월 퇴직연금제도를 도입했고, 이와 동시에 퇴직금 중간정산 사유를 엄격히 규정함으로써 '안정적인 노후 생활 보장'이라는 퇴직금 본연의 취지를 살리도록 했다. 그 사유로는 본인 명의 주택 구입, 주거 목적 전세금이나 보증금, 본인이나 배우자 또는 부양가족의 질병이나 부상으로 인한 요양 비용, 파산 선고, 개인회생 절차 개시 결정, 회사의 임금 축소, 천재지변 등이 있다. 또한 2012년 이후 설립한 회사는 반드시 퇴직연금에 가입하도록 했다.

퇴직금은 퇴직일 직전 3개월 기준 월평균임금에 근속연수를 곱하여 계산하고, 퇴직일로부터 14일 이내에 받을 수 있다. 4대보험에 가입하지 않은 경우에도, 근로계약서가 없어도, 심지어 입사 시 퇴직금이 없다는 것에 동의했다 하더라도 퇴직금을 받을 수 있다.

만약 퇴직금을 받지 못했다면 이는 임금 체불에 해당되며 3년 이내에 지급을 청구할 수 있다. 퇴직금을 얼마나 받을지 궁금하다면 고용노동부 홈페이지(www.moel.go.kr) 민원마당의 자가진단에서 '나의 퇴직금 계산'을 활용해 계산해볼 수 있다.

퇴직 시 유의해야 할 절차

사직할 경우 회사에서 사직서를 수리해야 근로 관계가 해지되므로 사직서 수리 시까지 인수 인계 등 퇴직 절차를 원만하게 밟는 게 좋다. 사직서가 수리되지 않더라도 사직서 제출일로부터 한 달 후 자동으로 퇴직 처리된다. 따라서 사직서를 제출했더라도 사직서가 수리될 때까지 한 달은 출근해야 불이익을 받지 않는다.

다음으로 연차수당을 챙기는 것도 잊어서는 안 된다. 연차수당이란 연차 유급 휴가 미사용 수당을 말하는데, 퇴직금과 달리 챙기지 못하는 사람이 많다. 전전년도 근로의 대가로 발생한 연차휴가를 전년도에 사용하지 않고 근로한 경우 연차휴가청구권이 소멸한 다음날 연차수당 청구권이 발생한다. 퇴직이나 해고 등으로 연차휴가청구권을 사용하지 못한 경우도 연차수당을 받을 수 있다.

연차휴가 일수는 회사에 따라 다를 수 있지만, 근로기준법 제60조는 1년간 80% 이상 출근한 근로자에게 15일의 유급휴가를 주도록 규정하고 있다. 그리고 최초 1년을 초과 근무할 경우 근속 매 2년마다 1일을 가산한 휴가를 줘야 하며, 총휴가일수는 25일 한도다.

연차수당을 계산하는 방법은 1일 통상임금에 연차를 쓰지 않은 휴가일수를 곱하면 되는데, 고용노동부 홈페이지의 '나의 퇴직금 계산'에서 함께 알아볼 수 있다. 소멸 시효는 퇴직 후 3년이다.

일시금으로 받을까, 연금으로 받을까

퇴직금 이야기가 나오면 다음과 같은 질문이 빠지지 않는다.

"일시금으로 받아야 좋을까요, 연금으로 받아야 좋을까요?"

정답은 없다. 개인의 상황에 따라 다르기 때문이다. 퇴직 후 국민연금이나 개인연금 등 고정적인 소득이 충분하거나, 원금 손실의 위험이 없는 확실한 투자처가 있다거나, 목돈이 들어갈 일이 예정되어 있다면 일시금으로 받아야 할 것이고, 이도저도 아니라면 연금으로 받는 것이 안정적인 노후 자금을 확보하는 길이다.

확정급여형과 확정기여형을 구분하자

2005년 퇴직연금제도가 도입된 이후, 2016년 상시근로자 300인 이상 기업을 시작으로 2017년 100인 이상, 2018년 30인 이상 기업 등 단계적으로 퇴직연금이 의무화되어 2022년까지 모든 기업의 퇴직연금 가입이 의무화된다.

퇴직연금은 크게 확정급여형(DB : Defined Benefit)과 확정기여형(DC : Defined Contribution)으로 구분된다. 확정급여형은 기존의 퇴직금제도와 퇴직금 계산 방식이 동일하고, 회사가 적립금을 운용하기 때문에 퇴직연금제도 도입 초기에는 확정급여형을 채택하는 기업이 많았다. 그러나 2012년 이후 확정급여형 가입자는 감소한 반면 확정기여형 가입자가 증가 추세에 있다.

확정급여형 퇴직연금

확정급여형 퇴직연금은 나중에 받을 퇴직금이 사전에 확정되어 있는 방식으로 회사에서 적립금을 운용한다. 퇴직금 산정 방식은 하루 평균 임금의 30일분에 근속연수를 곱한 금액이다. 여기서 하루 평균 임금은 퇴직일 직전 3개월 동안의 급여를 총일수로 나눈 금액이다.

법정 퇴직금
= 월 평균 급여 × (근속연수 + 1년 미만 기간의 일수 ÷ 365)

회사에서 적립금을 운용하므로 근로자가 신경 쓸 필요가 없다는 장점이 있다. 하지만 임금피크제와 성과연봉제의 도입으로 퇴직금이 줄어들 우려가 있다. 퇴직일 직전 3개월의 급여가 기준이므로 임금피크제 적용을 받는 근로자의 퇴직금은 줄어들 수밖에 없다. 성과연봉제 역시 계속 좋은 등급을 받아서 임금이 인상되면 퇴직급여도 증가하겠지만, 반대의 경우라면 퇴직금이 줄어들게 된다.

사례를 통해 퇴직금을 얼마나 받을 수 있는지 구체적으로 살펴보자. 김정연 씨가 다니는 회사에서 임금피크제를 도입하였다. 만 55세 임금을 기준으로 만 56세부터 매년 10%씩 임금을 감액하여 만 59세에는 만 55세 당시 임금의 60%(252만 원)로 줄어들고 만 60세에는 동결하기로 했다. 김정연 씨가 만 55세까지 20년 6개월(183일) 근속했고, 퇴직일 직전 3개월 동안 월 평균 급여가 420만 원이었다면 55세에 퇴직할 경우와 60세에 퇴직할 경우 법정퇴직금은 얼마나 될까?

- 55세에 퇴직할 경우 : 420만 원 × (20 + 183 ÷ 365) = 8,610만 원
- 60세에 퇴직할 경우 : 252만 원 × (25 + 183 ÷ 365) = 6,426만 원

확정기여형 퇴직연금

확정기여형은 회사가 근로자에게 기여(지급)하는 금액이 확정되어 있다는 뜻으로, 회사가 매년 발생하는 퇴직금(연간 임금총액의

1/12)을 근로자의 계좌에 넣어주면 근로자가 직접 운용하는 방식이다. 따라서 근로자가 자신의 퇴직금 규모를 알 수 있다는 장점이 있다. 하지만 퇴직금을 운용할 상품을 직접 선택하고 수익률에 따른 책임도 스스로 져야 한다는 부담이 따른다.

개인형 퇴직연금을 개인연금처럼 이용하자

퇴직연금에 가입한 근로자라면 개인형 퇴직연금(IRP : Individual Retirement Pension)에 대해서도 알아둬야 한다. 퇴직연금은 법으로 정한 부득이한 경우를 제외하곤 원칙적으로 중간정산을 허용하지 않고, 퇴직할 때 의무적으로 퇴직급여를 IRP계좌로 이체해야 하기 때문이다. 한 직장에 오래 근무하지 않고 여러 군데 옮겨다녀도 퇴직급여를 하나의 통합계좌로 관리하므로 동일한 계좌에 계속 적립할 수 있다.

퇴직금이 IRP계좌로 이체되면 퇴직급여를 찾아 쓸 때까지는 과세이연(課稅移延), 즉 퇴직소득세를 납부하지 않아도 된다. 이미 퇴직소득세를 납부하고 퇴직금을 일시금으로 수령한 경우에도 60일이 지나지 않았다면 IRP계좌를 개설해서 퇴직금을 이체하면 퇴직소득세를 돌려받을 수 있다.

IRP계좌로 이체된 퇴직급여는 일시금으로 수령할 수도 있고 연금으로 받을 수도 있다. 이때 일시금으로 받으면 퇴직소득세를 납부해야 하고 연금으로 받으면 연금소득세를 납부해야 하는데,

연금소득세는 퇴직소득세의 70%에 해당하므로 연금으로 받으면 절세 효과를 거둘 수 있다. IRP계좌는 퇴직금을 받기 위해 퇴직 시점에 만들 수도 있지만 미리 가입해서 개인연금처럼 활용할 수도 있다.

IRP의 장점

첫째, 연 1,200만 원 한도 내에서 자유롭게 납입할 수 있으며, 이때 개인연금저축과 합산해서 연 700만 원까지 납입한다면 납입액의 13.2%(또는 16.5%)의 세액공제 혜택을 받을 수 있다. 이때 주의할 점은 IRP계좌에 저축한 금액은 700만 원까지 전부 세액공제를 받을 수 있지만, 개인연금저축에 적립한 금액은 최대 400만 원까지만 공제받을 수 있다는 것이다. 따라서 연금저축이 없다면 IRP에서 700만 원의 세액공제를 받을 수 있고, 연금저축에서 이미 400만 원의 공제를 받고 있다면 IRP에서 추가로 300만 원의 세액공제를 받을 수 있다.

둘째, IRP계좌는 은행, 증권사, 보험사 등 원하는 금융기관에서 개설할 수 있다.

셋째, IRP계좌를 운용하여 수익이 났어도 퇴직연금을 지급받을 때까지 세금이 부과되지 않는다.

IRP의 단점

IRP는 보수적으로 운용되어 주식형 펀드 등의 위험자산에는

70%까지만 투자하고, 매년 전체 적립금의 0.4% 정도의 수수료가 부과된다. 수수료는 금융기관마다 차이가 있으므로 IRP 계좌를 개설하기 전에 수수료를 비교하여 수수료가 낮은 곳에 투자하기를 권한다.

퇴직연금 세액공제 혜택

연금저축과 IRP계좌 추가 저축으로 13.2%(지방소득세 포함)의 세액공제를 받을 수 있다. 그러나 총급여가 연 5,500만 원 이하인 근로자나 연간 종합소득이 4,000만 원 이하인 자영업자는 16.5%(지방소득세포함)의 세액공제를 받는다.

예를 들어 총급여가 연간 5,500만 원을 넘지 않는 근로자가 연금저축에 연간 400만 원, IRP계좌에 연간 300만 원을 추가 납입한다면, 연말정산을 통해 115만 5,000원을 추가로 환급받을 수 있다.

> # 개인연금으로
> # 노후를 더 튼튼하게

─ 국민연금과 퇴직연금을 보완하는 안전장치

공적 보장에 해당하는 국민연금, 기업 보장에 해당하는 퇴직연금, 자기 보장 성격의 개인연금을 통틀어 '연금의 삼층구조'라 일컫는다. 얼핏 빈틈없는 삼층구조의 안정적인 연금 시스템으로 보인다.

그러나 국민연금은 가입 기간에 따라 연금 수령액이 노후 필요자금에 비해 턱없이 부족하거나, 1969년생 이후 출생자의 경우 65세부터 수령할 수 있으므로 60세에 정년퇴직을 하더라도 퇴직 이후 수급 개시까지 5년을 기다려야 한다는 문제가 있다.

퇴직연금 역시 금융감독원이 발표한 자료에 따르면 2016년 말을 기준으로 연금으로 수령하는 비율이 전체 퇴직연금 가입 계좌의 1.6%에 불과하여 안정적인 노후 생활에 대비한다는 퇴직연금 제도의 취지마저 무색한 것이 현실이다.

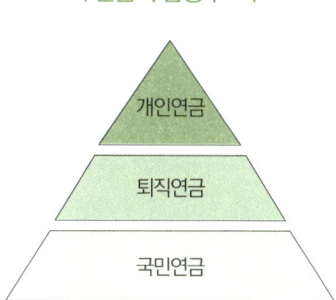

| 연금의 삼층구조 |

개인연금

퇴직연금

국민연금

이와 같이 빈약하거나 불안한 1, 2층의 연금을 보강하거나 보완하기 위한 장치가 개인연금이다. 누구나 안다고 생각하고, 웬만하면 하나쯤은 가지고 있지만, 의외로 오해하고 있거나 잘 모르는 부분이 많은 듯하다.

개인연금은 보험회사의 전유물이 아니다

많은 사람들이 개인연금은 보험회사에서만 취급하는 상품이라고 생각한다. 이 때문에 보험에 대해 부정적인 인식이나 경험을 가진 사람들은 개인연금마저 안중에 두지 않는 경향이 있다.

그러나 개인연금은 보험회사뿐만 아니라 은행과 자산운용사에서도 가입할 수 있으며 상품도 다양하다. 금융기관과 상품에 따라 세제 혜택, 납입 방식, 적용 금리, 연금 수령 방식 및 원금 보장과 예금자 보호 여부 등에도 차이가 있다. 따라서 상품의 유형에 따른 특성을 올바로 이해하고 개인의 상황에 맞는 적절한 상품에 가입하는 것이 중요하다.

세액공제를 받는 연금저축 상품

연금저축은 5년 이상 보험료를 납입하고 만 55세 이후부터 최소 10년 이상 연금으로 수령해야 하는 상품이다. 납입 한도는 전 금융기관 합산 연간 1,800만 원이며, 400만 원 한도 내에서 납입액의 13.2%의 세액공제 혜택을 받을 수 있다. 만약 근로소득이 5,500만 원 이하이거나 종합소득이 4,000만 원 이하일 경우에는 16.5%의 세액공제가 가능하다.

예를 들어 연금저축 보험료를 월 33만 3,000원씩 납부한다면 659,340원을 연말정산 때 돌려받을 수 있다. 그러나 중도해약을 한다면 세액공제 혜택을 받은 금액을 반납해야 할 뿐만 아니라 15.4%의 이자 소득세를 납부해야 한다. 그러므로 연금저축은 목돈 마련이 아니라 오로지 연금 목적으로만 이용해야 한다는 것을 명심해야 한다.

이자소득에 대한 일반과세율은 15.4%이지만, 연금저축의 경우 연금을 받을 때까지 과세이연되므로 70세 미만은 5.5%, 70세 이상 80세 미만은 4.4%, 80세 이상은 3.3%의 저세율로 원천징수된다. 이 같은 세액공제(16.5%) 혜택과 이자소득세 절감분을 감안한다면 실질금리가 26% 내외에 이르는 초고금리 저축 상품이라 할 수 있다.

연금저축에는 연금저축보험과 연금저축펀드, 연금저축신탁이 있으며 각각의 특징은 다음 표와 같다.

각각의 상품은 장단점을 가지고 있는데, 수익성을 고려한다면 단연 연금저축펀드가 유리하다. 2017년 금융감독원이 발표한 자료에 따르면 은행 연금저축신탁의 경우 수익률이 최고 연 4.68%에서 최소 연 2.32%를 기록한 반면, 증권사의 연금저축펀드는 최고 수익률이 연 23.67%로 은행의 약 5.05배에 이르렀다. 그러나 연금저축펀드는 기대수익률이 높은 만큼 손실의 위험도 커 연 -16.41%를 기록한 상품도 있다는 사실을 유의해야 한다.

| 연금저축 상품의 종류 |

구분	연금저축보험	연금저축펀드	연금저축신탁
금융기관	보험회사	증권회사	은행
적용 금리	공시이율	실적배당	실적배당
납입 방식	정기납	자유납	자유납
연금 형태	종신형, 확정형	확정형	확정형
원금 보장	가능	불가	가능
예금자보호	적용	적용되지 않음	적용

안전성에 중점을 둔다면 연금저축신탁이나 연금저축보험을 이용하는 것이 좋다. 연금저축신탁은 실적배당형으로 연금저축보험보다 상대적으로 높은 수익률을 기대할 수 있는 가운데 원금 보장과 예금자보호가 가능하다.

연금저축보험은 보험 상품인 만큼 사업비를 부담해야 하는 단점이 있지만, 보험사별로 1.5~2.5%의 최저보증이율제도를 두고 있어서 금리가 떨어져도 최저보증이율을 적용받을 수 있다는 장점이 있다. 또한 연금저축상품 중 유일하게 종신토록 연금을 지급받을 수 있다.

수익성을 우선적으로 고려할 것인지, 안전성을 우선적으로 고려할 것인지는 당사자가 선택할 문제다. 하지만 안정적인 노후 자금이 목적이라면 원금 손실의 우려를 감수하고 고수익을 추구하기보다는 안전성에 중점을 두는 것이 바람직하다 하겠다.

연금저축, 다른 상품으로 갈아타기

가입한 연금저축 상품의 수익률이 저조하거나, 수수료가 높다거나, 종신연금이 필요하다는 등 마음에 들지 않는 점이 있다면 세제 혜택을 그대로 유지하면서 다른 회사, 다른 상품으로 갈아탈 수도 있다. 이는 2001년부터 도입된 제도인데, 아직도 모르고 있는 사람이 많은 듯하다. 이 제도는 연금저축 가입자의 선택권을 확대하고 연금저축을 장기 유지하도록 유도하기 위해 연금저축 계좌를 다른 금융기관이나 다른 상품으로 이체하더라도 세제 혜택을 유지하도록 한 것이다.

연금저축 계좌 이체를 원한다면 기존 금융 회사를 방문할 필요 없이 신분증을 들고 신규 금융 회사를 방문해 기존 계좌의 정보를 알려주고 신규 계좌를 개설하면 된다. 이때 유의할 점은 연금저축 보험의 경우 7~8년 이내에 다른 회사나 다른 상품으로 이체할 경우 이체 금액은 해지 환급금 기준이므로 이체 금액이 생각보다 적을 수 있다는 것이다. 그리고 이체 전후의 상품 중 어느 것이 더 유리한지 꼼꼼히 따져봐야 할 것이다.

비과세 혜택을 받는 세제 비적격 연금

보험회사의 연금보험, 즉시연금보험, 변액연금보험은 비과세 상품으로 5년 이상 납입하고 10년 이상 유지할 경우 보험 차익에 대한 이자소득세 15.4%를 내지 않아도 되므로 절세 효과를 거둘 수 있다. 또한 세액공제 혜택이 없는 만큼 반드시 연금으로 10년 이상 수령해야 할 의무도 없다.

참고로 즉시연금보험은 목돈을 일시에 보험료로 납입하고, 납입 즉시 혹은 일정 기간이 지난 뒤부터 매달 월급처럼 연금을 받을 수 있는 상품이다. 변액연금보험은 기존의 연금보험 상품과 다르게 월납입 보험료를 펀드에 투자하여 수익을 내는 상품이다.

연금보험과 즉시연금보험은 공시이율(은행의 예금금리처럼 고객에게 지급되는 이자로 시중금리와 연동해 적용되는 일종의 보험 예정금리다. - 네이버 지식백과 시사경제용어사전)이 적용되지만, 변액연금보험은 투자 수익형 상품으로 원금 손실 위험이 따를 수 있고 수수료와 운용 보수가 발생하므로 꼼꼼하게 따져서 가입해야 한다.

즉시연금보험은 보험료를 납입한 다음 달부터 연금 수령을 시작하는 '즉시형'과 일정 기간 거치 후 연금을 받는 '거치형'이 있다. 연금 수령 방식으로는 납입한 금액을 사망 직전까지 연금으로 받는 '종신형'과 원금은 그대로 두고 이자만 연금으로 받는 '상속형'이 있는데, 상속형의 경우 비과세 혜택을 받을 수 있는 한도를 2억 원까지로 제한하고 있다.

> # 주택연금,
> # 집 한 채로 보장받는 노후

왜 주택담보대출이 아니라 주택연금인가

주택연금은 살고 있는 집을 담보로 맡기고 평생 거주하면서 죽을 때까지 매달 연금을 받는, 국가가 보증하는 금융 상품(역모기지론)이다. 은퇴 이후 재취업도 어렵고 모아놓은 재산이라곤 집 한 채밖에 없는 경우에 이용하면 좋은 제도이다.

그런데 사실 주택연금은 연금이 아니라, 한국주택금융공사가 지급을 보증하는 주택담보대출이다. 다만 기존의 담보대출과 달리 일시금이 아니라 연금 형태로 받기 때문에 주택연금이라는 이름이 붙었다.

주택연금은 다음과 같은 특징이 있다.

- 주택연금에 가입하면 내 집에 계속 살면서, 가입 당시에 주택 가격 평가를 통해 결정된 월 수령액을, 부부 두 사람이 모두 사망할 때까지 받을 수 있다. 둘 중 한 명이 사망하더라도 감액 없이 100% 지급한다. 두 사람 모두 사망하면 주택금융공사에서 주택을 매각해서 그동안 지급된 연금을 정산한다.
- 주택연금에 가입한 이후 주택 가격이 하락하더라도 월 수령액은 줄어들지 않는다.
- 부부가 사망한 뒤 정산을 통해 연금 지급 총액이 주택 매각 대금보다 작으면 나머지 금액은 자녀들에게 상속된다. 만일 연금 지급 총액이 주택 매각 대금을 초과하는 경우에도 자녀들에게 초과 금액을 청구하지 않는다.

여기까지 본다면 주택연금은 더할 나위 없이 훌륭한 상품이다. 하지만 좀 더 꼼꼼히 따져보면 대출 상품의 특성상 초기 보증료(주택 가격의 1.5%)와 연보증료(보증 잔액의 연 0.75%)가 붙는다는 사실을 알 수 있다. 또한 연금 지급 총액이 평가액을 넘어서기까지 40년 가까이 걸린다는 점도 유념하자.

그리고 황혼이혼을 하게 될 경우에는 문제가 좀 복잡하다. 주택연금은 가입 당시 배우자에게만 승계된다. 주택연금 가입 후 재혼을 하면 재혼한 배우자에게는 승계되지 않는다. 만일 부부 공동 소유 주택이라면 소유권을 한쪽으로 이전하거나 해지 신청을 해야 한다.

이런 여러 가지 단점에도 불구하고 은퇴 이후 매달 고정적인 수입이 필요한 지출 규모에 미치지 못할 경우 주택연금으로 부족한 부분을 채울 수 있으므로 은퇴 설계에 유용한 상품이라 할 수 있다.

이미 주택 보급률은 100%를 넘어섰고 2020년이면 110% 내외가 될 것으로 예상한다. 물론 부동산 경기가 반드시 선진국의 선례를 따른다고 할 수는 없지만, 일본의 경우 주택 보급률이 111%에 도달했던 1991년을 기점으로 주택 가격이 정점을 찍고 이후 지속적으로 하락하기 시작했다. 미국 역시 2007년 서브 프라임 모기지 사태가 일어나서 2008년 세계 금융위기가 시작될 무렵 주택 보급률은 111.4%였다.

많은 부동산 관련 전문가들은 우리나라도 2020년을 전후해서 부동산 가격이 하락하기 시작할 것이라고 전망한다. 따라서 자녀들이 결혼하면서 이미 주택을 마련했거나 머지않아 마련할 계획이라면 최소한 30~40년이 지나서 물려줄 주택은 유산으로서의 가치와 의미가 그다지 크지 않을 것이다.

또한 앞서 이야기한 것처럼 가입 당시 감정가에 따라 매월 수령할 연금액이 결정되고, 이후 주택 가격이 하락하더라도 연금액이 줄어들지 않는 주택연금의 특성을 생각한다면, 비록 수익률 대신 수수료를 지불해야 하는 대출 상품이지만 안정적인 노후 자금의 하나로 고려할 가치는 충분하다 하겠다.

가입 자격은 어떻게 되나

주택연금 가입 가능 연령은 주택 소유자 또는 배우자가 만 60세 이상이어야 한다. 단, 확정기간방식은 주택 소유자 또는 배우자가 만 60세 이상인 자 중에서 연소자가 만 55~74세여야 한다. 예를 들어 부부 중 한 사람이 60세 이상이더라도 배우자가 54세이면 1년을 더 기다려 나이가 적은 배우자가 55세가 되어야 가입할 수 있다.

주택 보유 수는 부부 1주택으로 제한되나 보유 주택 합산 가격이 9억 원 이하인 경우는 다주택도 가능하다. 만약 9억 원 이상 2주택자라면 3년 이내 1주택 처분 조건으로 가입이 가능하다. 그러나 우대방식의 경우에는 부부 기준 1억 5,000만 원 이하 1주택만 가능하다.

대상 주택은 일반 주택뿐만 아니라 상가와 주택이 같이 있는 복합용도주택인데, 이때 등기사항증명서상 주택이 차지하는 면적이 1/2이상이어야 한다. 또한 지방자치단체에 신고된 노인복지주택의 경우에는 확정기간방식이 아니라면 무방하다.

| 주택연금 가입 요건 |

소유형	연령	예시
단독 소유	소유자가 만 60세 이상이어야 가입 가능	- 소유자 62세, 배우자 58세(가입 가능) - 소유자 52세, 배우자 62세(가입 불가)
부부 공동 소유	소유자 중 한 사람만 60세 이상이어도 가입 가능	- 소유자 62세, 배우자 58세(가입 가능) - 소유자 52세, 배우자 62세(가입 불가)

얼마나 받을 수 있을까

주택연금에 가입할 경우 매달 받는 연금액(지급액)은 가입 당시 주택 가격과 가입자의 연령에 따라 다르다. 예를 들어 3억 원짜리 주택일 경우 만 60세이면 62만 9,000원, 만 70세이면 92만 4,000원, 만 80세이면 144만 4,000원을 받을 수 있다(아래 표 참조).

다만 주택의 종류(일반주택, 노인복지주택 등), 지급 방식 등에 따라 월 지급액이 달라질 수 있으니 자세한 내용은 한국주택금융공사 홈페이지(www.hf.go.kr)에서 확인하기 바란다.

| 주택연금 지급액 예시 |

단위 : 천 원

연령	주택 가격								
	1억 원	2억 원	3억 원	4억 원	5억 원	6억 원	7억 원	8억 원	9억 원
50세	135	270	405	540	675	810	945	1,080	1,215
55세	156	312	468	625	781	937	1,093	1,250	1,406
60세	209	419	629	839	1,049	1,259	1,469	1,679	1,889
65세	252	505	758	1,010	1,263	1,516	1,768	2,021	2,274
70세	308	616	924	1,232	1,540	1,849	2,157	2,465	2,773
75세	381	762	1,143	1,524	1,905	2,286	2,667	3,033	3,033
80세	481	963	1,444	1,926	2,407	2,889	3,362	3,362	3,362

※ 종신지급방식, 정액형, 2017년 2월 1일 기준

담보대출이 있어도 가능한가

주택을 장만할 때 자금이 부족해 대개 주택 담보대출을 받는

데, 은퇴 시점까지 대출 잔액을 상환하지 못하는 사람들이 많다. 이런 경우 주택연금에 가입하려면 대출금부터 갚아야 한다. 그러나 생활비가 부족해 주택연금을 이용하려는 사람이 대출금 갚을 돈이 있을 리 없다. 이런 사람들은 주택연금 인출 한도 범위 내에서 일시에 인출해 대출금을 갚고 나머지 금액에 대해 연금으로 지급받으면 된다.

이때 월 지급 방식에 따라 인출 한도가 달라진다. 지급 방식은 크게 두 가지로 나뉜다. 부부가 둘 다 사망할 때까지 받을 수 있는 '종신방식'과 일정 기간 동안만 받을 수 있는 '확정기간방식'이 있다. 평균 수명이 늘어나면서 대부분 종신방식을 선택하고 있다. 종신방식은 인출 한도를 설정 여부에 따라 종신지급방식과 종신혼합방식으로 구분된다.

그리고 주택 가격이 1억 5,000만 원 이하이고 부부 기준 1주택만 소유하고 있다면, 일반 주택연금보다 월 지급 금액이 최대 17% 많은 '우대형 주택연금'에 가입할 수 있다.

- 종신지급방식 : 인출 한도 설정 없이 평생(종신) 동안 매월 연금 형태로 지급하는 방식.
- 종신혼합방식 : 인출 한도(대출한도 50% 이내) 범위 내에서 수시로 찾아쓰고 나머지는 평생 지급하는 방식.
- 확정기간방식 : 고객이 선택한 일정 기간 동안 월 지급하는 방식.

- 확정기간 혼합방식 : 수시 인출 한도(대출 한도 50% 이내) 설정 후 나머지는 일정 기간 동안 월 지급하는 방식.
- 대출상환방식 : 주택담보대출 상환용으로, 인출 한도(대출 한도의 50% 초과 70% 이내) 범위 내에서 일시에 찾아 대출금을 갚고 나머지는 월 지급하는 방식.
- 우대지급방식 : 종신방식(정액형)보다 월 지급금을 최대 17%까지 우대하여 지급하는 방식.
- 우대혼합방식 : 인출 한도(대출 한도의 45% 이내) 범위 내에서 수시로 찾아 쓰고, 나머지는 월 지급금을 최대 17%까지 우대하여 지급하는 방식.

중도해지도 가능한가

앞서 설명했듯이 주택연금은 가입 당시 집값에 따라 연금 지급액이 결정된다. 집값이 비쌀수록 나이가 많을수록 연금 지급액이 늘어나는 구조다. 그런데 집값이 오르면 어떻게 해야 할까?

이런 경우에는 중도해지하고 재가입하는 게 좋다. 주택연금은 그동안 수령한 연금과 초기 보증료를 상환하면 중도해지 수수료 없이 언제든지 중도해지가 가능하다. 이때 유의할 점은 주택 가격이 평균 이상으로 올라서 주택연금을 해지한 경우에는 2년이 지나야만 동일한 주택으로 주택연금에 재가입할 수 있다는 것이다.

하지만 새로 이사한 주택은 재가입하는 데 문제가 없다. 재가입

여부를 결정할 때는 신규 주택을 얻는 데 들어가는 비용과 노력을 고려해야 하며, 그동안 수령한 연금액과 앞으로 얼마나 더 수령할 수 있을지 잘 따져보아야 한다. 금액 차이가 크지 않다면 불편함을 감수하면서까지 굳이 이사할 필요는 없을 것이다.

이사를 가야 한다면

주택연금을 받는 도중에 이사를 가더라도 주택연금을 계속 이용할 수 있다. 이사한 주택으로 담보 주택을 변경하면 되는데, 이때 기존 주택과 신규 주택의 가격 차이가 없다면 아무런 문제가 없다. 하지만 신규 주택 가격이 기존 주택 가격보다 비싸다면 차액만큼 연금액이 증가한다. 예를 들어 5억 원짜리 주택에서 6억 원짜리 주택으로 이사를 간다면 1억 원에 해당하는 만큼의 연금액이 증가한다. 대신 주택 가격 차액만큼 초기 보증료를 추가 납부해야 한다.

그러나 기존 주택보다 싼 주택으로 이사할 경우는 다소 복잡하다. 우선 주택 매매차익보다 그동안 받은 연금 수령 총액이 적은 경우에는 그 매매차익으로 먼저 받았던 연금 총액만큼 상환하고, 신규 주택 감정가에 해당하는 연금을 받으면 된다. 이는 기존의 주택연금을 해지하고 신규 주택을 담보로 재가입하는 것과 같은 이치인데, 연금액이 줄어드는 대신 초기 보증료를 추가로 납부하지 않아도 된다는 이점이 있다.

하지만 주택 가격 차익보다 기존에 받은 연금 수령 총액이 많을 경우에는 매매차익으로 기존에 받은 연금 수령 총액을 상환할 수 없으므로 매매차익 전부를 주택금융공사에 줘버리면 기존 주택과 신규 주택의 담보 가격이 같아지므로 연금 수령액에는 변동이 없다.

가령 5억 원짜리 주택에서 4억 원짜리 주택으로 이사할 경우 그동안 수령한 연금 총액이 5,040만 원이라면 이를 모두 상환하면 연금 수령액은 83만 9,000원으로 줄어든다. 하지만 연금 수령액이 2억 160만 원으로 매매차익보다 크면 매매차익 1억 원을 주택금융공사에 주면 연금 수령액은 105만 원으로 이전과 동일하다.

| 기존 주택보다 저렴한 주택으로 이사할 경우 |

> **퇴직하면
> 실업급여부터 챙기자**

모든 실직자에게 실업급여를 주는 건 아니다

"월급에서 꼬박꼬박 고용보험료를 떼갔으니 퇴직을 하면 실업급여를 주는 게 당연한 거 아닙니까?"

"정년퇴직도 실업이니 실업급여를 줘야지!"

분명 틀린 말은 아니다. 그러나 엄밀히 따져보면 맞는 말도 아니다. 실업급여가 이러한 오해를 불러일으키는 이유는 '실업급여'라는 이름에 있다.

실업급여란 고용보험에 가입한 근로자가 실직할 경우 구직 활동을 하는 중 일정 기간 동안 생계 안정을 위해 지급받는 급여를 말한다. 크게 구직급여와 취업촉진수당으로 나눌 수 있는데, 일반적으로 '실업급여'라고 하면 '구직급여'를 말한다. 이때 유의할 것은 구직급여가 고용보험 가입자가 실업했다고 누구나 받을 수 있는 보험금 또는 위로금 명목의 급여가 아니라는 것이다.

실업급여는 '모든 실직자'에게 주는 급여가 아니라 '구직 중인 실직자'에게 주는 급여이다. 자신이 지급 대상이라 하더라도 가만히 앉아 있어선 받을 수 없다. 머뭇거려서도 안 된다. 실업급여 중 구직급여는 퇴직한 다음날로부터 12개월이 경과하면 소정 급여 일수가 남아 있더라도 더 이상 지급받을 수 없다. 또한 실업급여를 신청하지 않고 재취업하면 지급받을 수 없으므로 퇴직 즉시 거주지 관할 고용센터를 방문해서 실업 신고를 하고 수급 자격을 인정받아야 한다.

그리고 취업촉진수당은 수급 자격자의 재취업을 장려하기 위해 구직급여 외에 지급하는 것으로, 조기재취업수당·직업능력개발수당·광역구직활동비·이주비 등이 있다.

실업급여를 받기 위한 세 가지 조건

실업급여를 받으려면 다음 세 가지 조건을 충족해야 한다.

첫째, 실직하기 전 고용보험에 가입한 사업장에서 18개월 중 180일 이상 근무했어야 한다. 둘째, 자발적으로 직장을 그만둔 것이 아니어야 한다. 셋째, 일(취업)을 하겠다는 의사와 근로 능력을 가지고 적극적으로 취업 활동을 해야만 한다.

| 실업급여 수급 조건 |

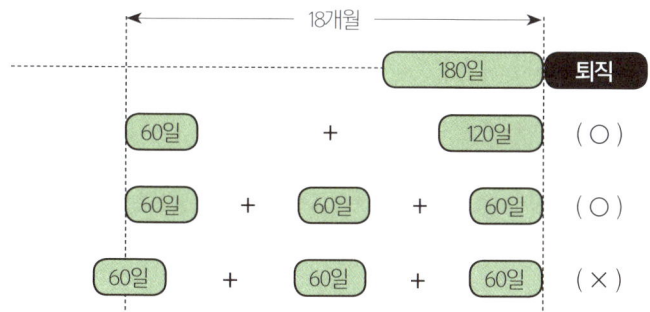

그런데 스스로 사직서를 제출하고 퇴직했더라도 정당한 사유가 인정되면 실업급여를 받을 수 있다. 임금 체불이나 최저임금에 못 미치는 급여를 받은 경우, 사업주로부터 퇴직을 권고받거나 경영 악화 등으로 희망퇴직을 한 경우, 정년이나 계약 기간 만료로 더 이상 회사를 다닐 수 없게 된 경우가 이에 해당한다.

한편 실직을 하고 실업급여를 모두 받은 후 재취업을 하게 된 직장에서 또 퇴직을 하더라도, 실업급여 수급 조건을 모두 충족시킨다면 또다시 실업급여를 받을 수 있다.

그렇다면 적극적으로 취업 활동을 했다는 것을 어떻게 증명할 수 있을까? 이를 위해서는 반드시 다음과 같은 과정을 거쳐야 한다. 우선 고용센터에 실업급여 수급 자격 신청을 하고 설명회에 참석해 취업 상담 일자와 시간을 지정받는다. 신청일로부터 14일이 지나면 실업 인정 교육에 참석하게 되는데, 이때 대기 기간 7일을 제외하고 8일분의 구직급여와 취업희망카드를 지급받는다.

이후 1~4주마다 고용센터에 출석해서 실업 상태에서 적극적으로 구직 활동을 한 사실을 신고하고 실업 인정을 받는다. 만약 실업 인징일에 고용센터에 출석하지 않으면 원칙적으로 실업급여를 받을 수 없다. 만일 부득이한 사정이 있는 경우 실업 인정일로부터 14일 이내에 출석하여 실업 인정일을 변경하면 된다.

재취업(구직) 활동을 인정받으려면

구직 활동, 직업 훈련, 직업안정기관의 직업 지도, 자영업 준비 등의 노력을 해야 재취업을 위한 적극적인 노력으로 인정받을 수 있다.

구직 활동은 구인업체 방문, 우편, 인터넷 등 다양한 방법을 통해서 가능하다. 사업장을 직접 방문하여 구직 활동을 할 경우 지급받은 취업희망카드에 사업체명, 주소, 전화번호, 면접 또는 서류 접수 담당자명을 기재하고 서명을 받아야 한다.

인터넷을 통한 구직 활동도 가능한데 취업 포털 사이트를 이용할 경우 모집 요강 화면을 출력하거나 입사 지원서를 보낸 날짜를 확인할 수 있는 이메일 편지함 화면을 출력해서 제출하면 된다.

가장 간편한 방법은 워크넷을 이용하는 것인데, 워크넷을 통해 이력서를 제출하면 관련 정보들이 고용센터로 그대로 넘어가 손쉽게 구직 활동을 인정받을 수 있다.

직접적인 구직 활동 이외에 재취업을 위한 적극적인 노력으로 인정받을 수 있는 또 다른 방법은 직업 훈련과 직업 안정기관의 직업 지도 등을 받는 것이다. 고용노동부장관이 지정한 직업 능력 개발 훈련을 받는 경우, 고용센터의 직업 지도 프로그램에 참여하는 경우, 자격증 취득 등 각종 사설 학원의 교육 훈련을 받는 경우, 각종 취업 지원 기관의 취업 지원 프로그램에 참여하는 경우 인정받을 수 있다.

끝으로 자영업 준비 활동도 적극적인 재취업 활동으로 인정받는다. 이를 위해서는 실업 인정일에 자영업 활동 계획서를 고용센터에 제출하고 계획서에 따른 활동 자료를 제출하면 된다.

또 하나의 팁, 워크넷에서 직업심리검사를 하거나 사회 봉사활동에 참여하는 것도 재취업 활동의 하나로 본다. 직업심리검사는 1회에 한해, 자원봉사 활동은 4시간 이상 참여하면 1회에 한해 인정받을 수 있다.

> 실업급여는 얼마나
> 언제까지 받을 수 있나

얼마나 받을 수 있나

구직급여는 퇴직 전 평균 임금의 50%를 지급받는다. '그렇게나 많이?'라고 놀라는 사람이 있을지도 모르겠다. 당연히 상한액과 하한액이 있다! 상한액은 8시간 근무 기준으로 1일 43,416원이고, 하한액은 최저임금법상 최저시급의 90%였다.

그런데 상한액은 정액으로 규정하고 하한액은 최저시급을 기준으로 하다 보니 문제가 발생했다. 최저시급이 2015년 5,580원에서 2016년 6,030원으로 인상되고 보니 6,030 × 90% × 8시간 = 43,416원으로 상한액과 하한액이 같아진 것이다. 그래서 2016년에는 모든 실직자의 구직급여가 동일했다. 더 큰 문제는 2017년 최저시급이 6,470원으로 인상되면서 하한액이 상한액보다 더 높아지는 어처구니없는 일이 발생하고 만 것이다.

몇 년 전부터 구직급여 상한액·하한액 조정과 수령 기간 연장을 포함한 고용보험법 개정안이 발의되어왔지만 국회를 통과하지 못하고 있다가 이런 문제가 발생하자 부랴부랴 고용보험법 시행령을 개정해 구직급여 1일 상한액을 5만 원으로 인상해 2017년 4월 1일부터 시행했다. 그러나 2017년 7월 15일 최저임금위원회가 2018년 최저시급을 7,530원으로 결정함에 따라 또다시 하한액이 54,216원으로 상한액을 초과하게 되어 법 개정이 불가피한 상황이다. 차제에 정액으로 규정하고 있는 상한액도 최저시급에 연동하게 하는 등 법적 안정성을 기할 필요가 있겠다.

언제까지 받을 수 있나

구직급여 수령 기간은 실직 당시 나이와 고용보험 가입 기간에 따라 달라지는데, 짧게는 90일 길게는 240일 동안 지급받을 수 있다.

| 구직급여 수령 기간 |

구분	6개월 이상 1년 미만	1년 이상 3년 미만	3년 이상 5년 미만	5년 이상 10년 미만	10년 이상
30세 미만	90일	90일	120일	150일	180일
30~50세	90일	120일	150일	180일	210일
50세 이상, 장애인	90일	150일	180일	210일	240일

하지만 퇴직한 다음날로부터 12개월이 경과하면 급여 지급 일수가 남아 있어도 더 이상 지급받을 수 없으므로, 240일 동안 지급받을 수 있는 구직자라면 늦어도 퇴직 후 4개월 이내에 신청해야 한다.

구직급여를 받는 중 소득이 발생하면

구직급여를 받는 중 재취업을 하거나 아르바이트 등으로 소득이 발생하면 주저 없이 고용센터에 신고를 해야 한다. 재취업의 경우에는 더 이상 구직급여를 받을 수 없게 되지만, 시간급이나 일당을 받는 경우는 해당일을 제외한 나머지 기간에 대해서는 구직급여를 받을 수 있다.

그런데 구직급여를 받고 있는 중에 좋은 조건의 취업 자리가 나오면 어떻게 해야 할까? '편안하게 쉬면서 일주일에 한 번 정도 일자리를 알아보는 것만으로도 8개월 동안 150만 원 상당의 급여를 받을 수 있는데, 굳이 서둘러 취업할 필요가 있을까?'라고 생각할 수도 있다. 그러나 마음에 드는 일자리가 8개월 동안 당신을 위해 그대로 남아 있을지 생각해보아야 한다.

이처럼 구직급여를 받는 동안 취업을 미루는 행위를 막기 위한 방편으로 조기재취업수당제도를 두고 있다. 조기재취업수당을 받으려면 재취업 전날을 기준으로 구직급여 수령 기간이 50% 이상 남아 있어야 하며, 재취업한 직장의 사업주가 이직 전의 사업주나 그와 관련된 사업주가 아니어야 한다. 또한 재취업한 직장에서 연속하여 12개월 이상 근무해야 하고, 재취업한 날로부터 1년이 지나야 청구할 수 있다. 남은 기간 동안의 구직급여 50%를 일시금으로 준다. 단, 2년 이내에 조기재취업수당을 받은 사실이 있으면 받지 못한다.

부정 수급으로 소탐대실하지 마라

고용부에 따르면 구직급여 부정 수급액은 2014년 128억 5,600만 원에서 2016년 305억 7,700만 원으로 큰 폭으로 증가했다. 부정 수급 건수도 2014년 21,466건에서 2016년 28,647건으로 늘었다. 부정 수급한 사실이 발각되면 구직급여를 받고 있는 중이라면 지급이 중지되고, 이미 지급받은 수급액의 2배를 반환해야 하며, 300만 원 이하의 벌금도 물어야 한다. 부정 수급은 수급 종료 후 2년까지 감사 대상이 되므로 소탐대실하지 않도록 주의하자.

다음과 같은 사실이 적발되면 부정 수급으로 처벌을 받는다.

- 실제로 재취업할 의사가 없음에도 구직급여를 받기 위해 허위로 구직 활동 사실을 신고하는 경우
- 구직 활동 기간 중 취업한 사실을 알리지 않은 경우
- 아르바이트나 일용직 등으로 소득이 발생했음에도 신고하지 않은 경우

4

세금은 줄이고
보험은 실속 있게

> *세금을 알면*
> *연금 액수가 늘어난다*

연금과 관련된 세금

노후 자금 준비를 생각하면 다들 가장 먼저 연금을 떠올리지만, 이와 관련된 세금에 대해서는 정보가 부족한 듯하다. 세금 관련 내용은 일반인이 이해하기가 쉽지 않지만, 연금과 관련된 기본적인 내용은 알아두는 것이 좋다.

연금의 종류에 따라 세금을 계산하는 방법과 과세 방식이 다르고, 세제 혜택도 다르다. 또한 언제 어떤 방식으로 받느냐에 따라 내야 할 세금 액수도 차이가 난다. 연금과 관련된 세금으로는 종합소득세, 퇴직소득세, 연금소득세가 있다. 그리고 세제 혜택으로는 비과세, 소득공제, 세액공제가 있다.

국민연금, 퇴직연금, 개인연금 세 가지로 나누어 각각의 세금과 세율을 다음 표에 일목요연하게 정리해두었다. 참고로 연금소득세율은 연금을 수령하는 나이에 따라 달라진다. 55~69세는 5.5%, 70~79세는 4.4%, 80세 이상은 3.3%이다.

연금 종류		해당 세금	세율
국민연금		종합소득세	6.6~44%
퇴직연금	퇴직일시금	퇴직소득세	6.6~44%
	IRP 본인 추가납입액	연금소득세	3.3~5.5%
개인연금	연금저축	연금소득세	3.3~5.5%
	연금보험	없음	10년 이상 유지 시

소득공제와 세액공제

개인은 1년간 발생한 이자소득, 배당소득, 사업소득, 근로소득, 연금소득, 기타소득을 모두 합산해 과세표준을 산출하고 소득세를 내야 한다. '과세표준'은 세액 계산의 기준이 되는 금액을 말하는데, 소득세는 6~40%(지방소득세 포함 6.6~44%)까지 누진세율을 적용하기 때문에 과세표준이 높을수록 세금을 많이 내야 한다.

예를 들어 과세표준이 1,200만 초과~4,600만 원 이하이면 세율은 15%이다. 하지만 4,600만 원을 초과하면 24%이다. 따라서 과세표준을 4,600만 원 이하로 낮춘다면 그만큼 세금을 절감할 수 있다.

이때 납세자의 세금 부담을 줄여주기 위해 과세 대상이 되는 소득 중에서 일정 금액을 공제해주는데, 이를 '소득공제'라고 한다.

| 과세표준에 따른 구간별 종합소득세율 |

과세표준	세율
1,200만 원 이하	6%
1,200만 원 초과~4,600만 원 이하	15%
4,600만 원 초과~8,800만 원 이하	24%
8,800만 원 초과~1억 5,000만 원 이하	35%
1억 5,000만 원 초과~5억 원 이하	38%
5억 원 초과	40%

* 2017년 소득세법 개정으로 2018년부터 3억 원 초과~5억 원 이하 구간이 신설되어 40%의 세율이 적용되고, 과세표준 5억 원 초과 구간은 42%로 세율이 올라간다.

소득금액에서 소득공제 금액을 뺀 금액이 과세표준인데, 소득공제를 통해 과세표준을 낮출 수 있다. 소득공제에는 근로소득공제, 연금소득공제, 퇴직소득공제, 종합소득공제 등이 있다. 그리고 과세표준에 구간별 세율을 곱하면 납부해야 할 '산출세액'이 나오는데, 바로 이 세금을 공제해주는 것이 '세액공제'다.

참고로 종합소득금액과 세금은 다음과 같은 방법으로 계산된다.

```
   이자소득금액 = 총수입금액
+) 배당소득금액 = 총수입금액
+) 사업소득금액 = 총수입금액 - 필요경비
+) 근로소득금액 = 총급여액 - 근로소득공제
+) 연금소득금액 = 과세 대상 연금 - 연금소득공제
+) 기타소득금액 = 총수입금액 - 필요경비
────────────────────────────────
=  종합소득금액
```

종합소득금액 − 소득공제 = 과세표준

과세표준 × 종합소득세율 = 산출 세액

산출 세액 − 세액공제 = 납부해야 할 세금

납부해야 할 세금 − 기납부 세액 = 환급 또는 납부할 세금

종합과세와 분리과세

우리나라 소득세법은 개인별로 종합과세가 원칙이지만 일부 소득은 분리과세를 하고 있다. '종합과세'는 소득의 종류에 상관없이 모두 합산하여 과세하는 방식이고, '분리과세'는 다른 소득과 합산하지 않고 해당 소득만 별도로 원천징수함으로써 과세하는 방식이다.

이자소득, 배당소득, 사업소득, 근로소득, 연금소득, 기타소득 등 '종합소득'에 해당하는 여섯 가지 소득 금액은 종합과세 대상이다. 반면 일정액 이하의 예금이자, 소액주주가 받는 배당, 일용근로자의 급여, 기타소득 및 연금소득에 대해서는 분리과세를 한다.

종합과세가 되면 과세표준에 따른 누진세율(161쪽 표 참조)에 따라 세금을 내야 하지만, 분리과세가 되면 16.5%(지방소득세 포함)의 세율을 적용받는다.

하지만 분리과세 대상 소득일지라도 분리과세 한도액을 넘는 부분에 대해서는 종합과세를 하므로 최대한 분리과세를 받을 수 있도록 해야 세금 부담을 줄일 수 있다. 각각의 소득이 분리과세되

지 않고 종합과세될 경우 과세표준이 커져 세율이 높아지기 때문이다.

분리과세 한도액은 이자소득과 배당소득은 합계액 2,000만 원, 연금소득은 1,200만 원, 기타소득은 300만 원까지다. 이때 연금소득 연간 수령액 1,200만 원 한도에는 개인연금만 포함된다. 국민연금 등 공적연금과 연금보험은 이에 해당되지 않는다.

국민연금을 받을 때도 세금을 낸다고?

국민연금의 취지는 국민의 기본적인 노후 생활비를 보장하는 데 있다. 그런 취지를 살려 2001년 12월 31일 이전까지는 국민연금 보험료를 납부할 때 소득공제를 받지 않았으므로 국민연금(노령연금)을 수령할 때 소득세를 낼 필요가 없었다. 그러나 2002년 1월부터는 소득공제를 받는 대신, 연금을 수령할 때 소득세를 납부하는 방식으로 바뀌었다. 따라서 2002년 이전에 납부한 보험료에서 발생한 노령연금에 대해서는 세금을 내지 않는다.

보다 구체적으로 공적 연금인 국민연금, 사학연금, 공무원연금, 군인연금을 수령할 때는 2002년 이후 납입한 연금 보험료에 대해서만 과세(종합소득과세)한다. 그러나 유족연금과 장애연금 및 사망일시금은 과세 대상이 아니다.

참고로 전업주부와 같은 임의가입자는 소득공제를 받지 않았으므로 노령연금을 수령할 때 세금을 내지 않아도 된다.

얼마나 낼까

본인의 국민연금 중 과세 대상 연금액이 얼마나 되는지 궁금하면 국민연금공단 홈페이지 '민원신청 > 개인전자민원 > 조회 / 증명 > 연금소득 원천징수영수증'에서 확인해볼 수 있다.

납부할 세금은 다음과 같이 계산한다.

과세표준 = 과세 대상 연금액 - 연금소득공제 - 본인 인적공제

산출세액 = 과세표준 × 소득세율

납부할 세금 = 산출세액 - 표준세액공제(7만 원)

| 연금소득공제 |

노령연금액	소득공제액
350만 원 이하	총연금액
350만 초과~700만 원 이하	350만 원+(총연금액 - 350만 원) × 40%
700만 초과~1,400만 원 이하	490만 원+(총연금액 - 700만 원) × 20%
1,400만 원 초과	630만 원+(총연금액 - 1,400만 원) × 10%

이해를 돕기 위해 노령연금을 770만 원 받을 때와 1,200만 원 받을 때, 2,000만 원 받을 때 각각 소득세를 얼마나 내는지 살펴보겠다. 연금소득공제액은 최소 350만원, 최대 900만 원이다. 770만 원인 경우에는 0원, 1,200만 원은 20만 6,000원, 2,000만 원은 62만 6,000원이다.

결국 연금액이 연 770만 원을 초과할 때만 소득세가 발생하므

로 그것보다 적게 받는 경우에는 소득세를 신경 쓰지 않아도 된다.

| 노령연금 소득세 예시 |

노령연금	770만 원	1,200만 원	2,000만 원
연금소득공제	504만 원	590만 원	690만 원
본인 인적공제	150만 원	150만 원	150만 원
과세표준	116만 원	460만 원	1,160만 원
소득세율	6%	6%	6%
산출세액	6만 9,600원	27만 6,000원	69만 6,000원
표준세액공제	7만 원	7만 원	7만 원
납부할 세금	0원	20만 6,000원	62만 6,000원

※ 과세표준 1,200만 원 이하는 소득세율 6% / 부양가족, 다른 소득이 없는 경우

어떤 방법으로 낼까

이번에는 연금을 수령할 때 세금은 어떻게 내는지 살펴보자. 국민연금공단은 노령연금을 지급할 때 매달 세금을 원천징수한다. 다시 말해 세금을 미리 제하고 준다는 얘기다.

노령연금 이외에 다른 소득이 없는 경우에는 매년 12월 연말정산을 해 환급해야 할 세금이 있으면 다음 해 1월 노령연금을 받을 때 돌려주고, 더 내야 할 세금이 있으면 1월분 노령연금액에서 빼고 준다.

하지만 근로소득이나 사업소득, 부동산 임대소득, 이자소득 등 다른 소득이 있는 경우에는 다음 해 5월에 종합소득세 과세표준 확정신고를 해야 하므로 다소 복잡하다. 이때 연금 수령액이 연간

1,200만 원을 넘지 않으면 종합소득에 합산하지 않고 분리과세를 선택할 수 있다.

개인연금 연간 수령액은 1,200만 원을 넘지 않게

개인연금은 소득 원천에 따라 세금이 달리 부과된다.

첫째, 퇴직급여는 일시금으로 수령하면 퇴직소득세율 100%를 다 내야 하지만, 연금으로 수령하면 퇴직소득세율의 70%를 세금으로 낸다. 다시 말해 연금으로 수령하면 30%를 절세하는 셈이다.

둘째, 세액공제 한도 700만 원을 초과하여 추가로 적립한 퇴직연금이나 연금저축은 보험료를 낼 때 세액공제 혜택을 받지 않았으므로 연금을 받을 때 비과세된다.

셋째, 퇴직연금과 연금저축을 합산해 700만 원까지 세액공제를 받은 추가 적립금에 대해서는 연금 수령액에 따라 종합과세 또는 분리과세된다. 연간 수령액이 1,200만 원을 초과하면 종합과세 대상이지만, 1,200만 원 이하이면 분리과세를 선택할 수 있으므로 연금을 수령할 때 금융기관에서 3.3~5.5%(지방소득세 포함)의 세금을 원천징수한다.

나이가 많을수록 세율이 낮아지는데, 연금 수령일 현재 55세 이상 70세 미만일 경우 5.5%, 70세 이상 80세 미만일 경우 4.4%, 80세 이상일 경우 3.3%이다.

| 연금 수령에 따른 세금 |

소득 원천		연금 수령 한도 이내	연금 수령 한도 초과
퇴직급여(분리과세)		연금소득세 (퇴직소득세율의 70%)	퇴직소득세
연금저축 퇴직연금	세액공제(O)	연금소득세 - 연 1,200만 원 이하 : 3.3~5.5% - 연 1,200만 원 초과 : 전액 종합과세	기타소득세 16.5% (분리과세)
	세액공제(×)	비과세	비과세

연금 수령 한도 초과 금액은 기타소득으로 분류

분리과세의 기준이 되는 연간 연금소득 1,200만 원과 별도로 '연금 수령 한도'라는 걸 알아두어야 한다. 연금 수령 한도 내에서 연금을 받아야 세금을 줄일 수 있기 때문이다.

연금 개시 초반에 목돈을 받아서 연금이 조기에 고갈되는 것을 방지하기 위해서 수령 한도를 정한 것인데, 연금 수령 한도 내에서는 연금소득세가 적용되지만 연금 수령 한도를 초과하면 '연금 외 수령'으로 간주하여 기타소득으로 구분하여 16.5%(지방소득세 포함)의 원천징수세율이 적용된다.

$$연금\ 수령\ 한도 = \frac{연금\ 개시\ 신청일\ 현재\ 평가액}{(11-연금\ 수령\ 연차)} \times 120\%$$

위 식에서 '연금 수령 연차'란 최초로 연금을 수령하는 날이 속하는 과세 기간을 기산 연차로 시작해 그다음 과세기간(연금 수령 기간)을 누적 합산한 연차를 말한다. 쉽게 말해 '몇 년 동안 연금을 받을 것인가'를 말하는데, 11년 이상 받을 경우에는 별도의 한도가 적용되지 않는다.

연금저축은 10년 이상 연금으로 수령해야 하지만 연금 수령 한도에 대한 이해를 돕기 위해, 정년퇴직 후 연금 없이 생활해야 하는 공백 기간(이를 은퇴절벽 또는 은퇴 크레바스라 부른다)을 메꾸기 위해 연금저축을 활용하는 경우를 가정해서 살펴보고자 한다.

김성실 씨는 1967년생이라 64세부터 국민연금을 받을 수 있다. 그래서 정년퇴직 이후 4년간 연금저축을 활용할 계획이다. 연금저축 평가액(적립금)이 4,000만 원일 경우 이를 매년 1,000만 원씩 4년간 분할 수령할 때 김성실 씨의 연금 수령 한도는 다음과 같다.

1년차 : 4,000만 원 ÷ (11-1) × 1.2 = 480만 원
2년차 : 3,000만 원 ÷ (11-2) × 1.2 = 400만 원
3년차 : 2,000만 원 ÷ (11-3) × 1.2 = 300만 원
4년차 : 1,000만 원 ÷ (11-4) × 1.2 = 171만 원

1년차에는 520만 원, 2년차에는 600만 원, 3년차에는 700만 원, 4년차에는 829만 원이 초과되어 연금 수령 한도 초과분에 대해 16.5%의 기타소득세를 내야 하므로 총 511만 원의 세금을 내야 한다. 하지만 매년 400만 원씩 10년간 분할 수령하면 연금 수령 한도를 초과하지 않으므로 연금소득세(연간수령금액×5.5%)로 총 220만 원만 내면 된다. 다시 말해 291만 원의 세금을 덜 내는 셈이다.

연금보험은 10년 이상 유지하자

　소득공제나 세액공제의 혜택이 없는 연금보험은 일반연금이든 변액연금이든 저축성 보험의 한 종류로, 10년 이상 유지하면 이자소득세가 비과세된다. 이때 다달이 납부하는 월납 보험의 경우 보험료 납부 기간이 5년 이상이어야 하고, 연 납입액 합계 1,800만 원에 대해서만 비과세가 적용된다. 한꺼번에 납부하는 일시납의 경우 보험료 납입 한도는 1인당 1억 원이다.

　그런데 연금지급 방식이 종신형일 경우는 계약자, 피보험자, 수익자가 동일하고, 55세 이후 연금으로만 수령하면 납입 한도의 제한이 없다. 또한 중도 인출을 하더라도 보험 계약을 해지하지 않고 10년 이상 유지한다면 중도 인출금에 대해서도 비과세가 적용된다.

　연금보험의 계약자 변경과 관련해서는 보험 가입 시기가 관건이다. 2013년 2월 15일 이전에 가입한 보험의 경우 기존 계약자를 다른 사람으로 변경해도 계약자 변경 전후의 가입 기간을 합산해 10년을 유지하면 비과세 혜택을 받을 수 있다. 하지만 그 이후에 가입한 보험은 계약자를 다른 사람으로 변경하면 명의 변경일부터 다시 10년을 유지해야 비과세 혜택을 받을 수 있다.

무엇을 물려줄 것인가

상속세 걱정은 행복한 고민?

"부자는 망해도 3년 먹을 것이 있다"라는 속담이 있다. 본래 부자이던 사람은 망하더라도 얼마 동안은 그럭저럭 살아나갈 수 있음을 비유적으로 이르는 말이다. 이 속담을 보면서 나는 엉뚱한 의문을 가져보았다. '왜 부자가 망할 것을 가정해서 이런 속담을 만들었을까?' 그러다 '망하는 건 한순간'이라는 말이, 속된 말로 '한방에 훅 간다'는 말이 떠올랐다.

해석하는 이에 따라 다를 수 있겠지만, 결국 이 속담은 정말 큰 부자는 망해도 3년이나 먹고살 수 있다는 것을 이르고자 함이 아니라, 아무리 큰 부자라도 까딱 잘못하면 3년 안에 거지꼴이 될 수 있다는 것을 깨우쳐주려는 것이 아닐까?

중학교 2학년 교실에서 장래 희망이 무엇인지 적어보라고 했더니 한숨만 내쉬는 학생이 있어 이유를 물었더니, "재벌 2세가 꿈인데 아버지가 노력을 안 하신다"고 했다는 실화인지 유머인지 알 수 없는 이야기가 있다. 어떤 사람은 제발 상속세 걱정 한번 해봤으면 좋겠다고 말하기도 한다.

그렇다면 대한민국 부자서열 1위인 이건희 회장의 삶은 후회 없는 행복한 삶이었을까? 1942년생, 2017년 현재 76세에 불과한 그는 2014년 5월에 쓰러져 의식불명이 된 이후 지금까지 깨어나지 못하고 있다.

그리고 상속 재산이 아니더라도 이미 부자 서열 3위인 그의 장남 이재용 부회장은 상속세를 덜 내고 경영권을 승계하려고 부정한 권력과 결탁해 불법과 편법 사이에서 외줄타기를 하다가 결국 구속되는 지경에 이르렀다. 막대한 재산을 물려받아 머지않아 대한민국 제일의 부자가 될 이재용 부회장은 과연 행복할까?

한 해 10조 원에 달하는 수익을 창출하는 이재용 부회장은 상속세와 증여세로 16억 원밖에 내지 않았다. 대기업 총수 2세들이 어떻게든 상속세 부담을 덜고 경영권을 승계하기 위해 지주회사 전환, 일감 몰아주기, 합병 등 온갖 편법을 동원하고 있는 것은 유독 삼성만의 사례는 아닐 것이다.

그런데 최근 남다른 행보를 보여 이슈가 된 기업이 있다. 바로 식품업계의 중견기업인 오뚜기다. 2016년 오뚜기의 함태호 명예회장은 작고하면서 보유 주식을 모두 장남 함영준 회장에게 상속했다. 이때 상속받은 주식은 시가 3,600억 원에 달하는 금액으로 총 1,500억 원의 상속세가 부과되었다. 오뚜기 일가는 단 1원도 빠짐없이 5년에 걸쳐 상속세를 분납하기로 약속했다. 이런 행동에 사람들은 '갓뚜기'라는 찬사를 보냈다.

유일한 회장이 자식들에게 상속한 것은

상속세에 관한 가장 모범적인 사례로는 일찍이 민족자본 형성에 기여한 기업가이자 독립운동가인 유한양행의 고 유일한 회장을 들 수 있다.

그는 굶주리거나 아파서 죽는 사람들에게 조금이나마 희망이 되고 싶다는 생각으로 1926년 유한양행을 설립했다. 윤리 경영을 철학으로 삼아온 그는 1936년 유한양행을 주식회사로 변경하면서 대한민국 최초로 종업원 지주제를 실시해서 자신이 가지고 있던 52%의 회사 주식을 전 사원들에게 무상으로 배부했다.

그리고 은퇴하면서 자신의 회사를 가족이 아닌 전문경영인에게 맡겼고, 1969년 노환으로 타계하기 전 유언을 남겨 자신의 전 재산을 사회에 기부했다. "기업에서 얻은 이익은 그 기업을 키워준 사회에 환원하여야 한다"는 것이 그의 기업 철학이었기 때문이다.

아들에게는 대학까지 졸업시켰으니 앞으로는 스스로 알아서 살아가라 했고, 딸에게는 유한공고 땅 5,000평을 물려주는 대신 유한동산으로 만들라는 단서를 달았다. 그리고 어머니를 잘 돌봐드리라고 했다. 유일하게 손녀에게만 1만 달러의 금전 상속을 했는데, 그 목적을 대학 졸업 때까지의 학자금으로 한정했다. 유일한 박사가 소유한 나머지 주식은 한국 사회 및 교육 원조 신탁기금에 기증했다.

이런 일도 있었다. 유일한 회장은 은퇴 직전에 가족과 친척들을 전원 해고했는데, 아들 유의선 씨와 동생 유특한 씨가 퇴직금 반환 소송을 했다. 자신들이 받은 퇴직금이 너무 많으니 전액 반환하겠다는 내용이었다.

유일한 회장의 딸 유재라 씨는 아버지의 유지를 받들어 5,000평의 땅에 유한동산을 만들었고, 그녀 역시 세상을 떠나며 전 재산을 사회에 기부했다.

유일한 회장은 자녀에게 물질적 자산이 아니라 당신이 가진 숭고한 뜻과 삶의 철학을 물려준 것이다. 그의 어록 중에 이런 말이 있다. "사람은 죽으면서 돈을 남기고 또 명성을 남기기도 한다. 그러나 가장 값진 것은 사회를 위해서 남기는 그 무엇이다."

물려줘야 할 소중한 것

여러분은 자녀에게 무엇을 물려줄 것인가? 기왕이면 사랑하는 자녀에게 막대한 재산은 아닐지라도 그들의 삶에 조금이나마 도움이 될 유산을 남겨주고 싶은 것이 부모의 마음이다. 그러나 물질적 자산도 중요하지만, 돈 주고도 살 수 없는 정신적 자산을 물려주는 것이야말로 자녀에게 그 무엇보다 값진 선물이 될 것이다.

물려줄 금융 자산도 부동산 자산도 없다고 미안해하거나 아쉬워하지 마라. 세인들의 주목을 받는 훌륭한 기업가가 아닐지라도, 심오한 뜻이 담긴 명문의 어록을 남기지 못할지라도 부끄럼 없이 근면성실하게 살아온 당신의 삶이 곧 유산이다. 자녀들을 키우며 쏟은 한없는 사랑이 곧 유산이다.

나는 내 부모님으로부터 잔병치레 없는 건강함과 일주일에 서른 시간씩 강의를 해도 쉬지 않는 우렁찬 목소리와 어지간한 시련에는 끄떡도 않는 힘을 물려받았다. 참으로 고마운 유산이다.

> 어떻게
> 물려줄 것인가?

전 재산을 기부하면 가족들은 한 푼도 못 받을까

고 유일한 회장은 유언장을 통해, 유한동산을 만들기 위한 땅 5,000평과 손녀 학자금 1만 달러를 제외한 모든 재산을 사회에 기부했다. 그런데 만약 가족들이 유언을 받아들일 수 없다고 했다면 어떻게 됐을까?

피상속인(상속을 해주는 사람)이 사망하면 상속이 개시되어 상속인(상속을 받는 사람)에게 피상속인의 재산이 포괄적으로 이전된다. 그러나 피상속인이 모든 재산을 사회단체에 기부한다는 유언장을 남겼다면 유증의 효력이 발생해서 피상속인의 재산은 법정상속인이 아닌 유언장에 기록된 사회단체에 기부된다.

피상속인은 자기 소유 재산의 처분을 자유롭게 할 수 있고 증여나 유언 또한 자유롭게 할 수 있다. 그러나 유언의 자유를 무제한 허용하면 남아 있는 가족(상속인)의 상속에 대한 기대가 무산되고, 생활 기반이 붕괴될 우려마저 있어 상속인에게 일정 비율(법정 상속분의 1/2)의 재산을 확보해주기 위한 제도를 만들었다. 이것이 바로 '유류분제도'이다.

하지만 유일한 회장의 경우, 가족들이 그의 유언을 받아들였지만 설사 그렇지 않았더라도 유류분을 받을 수는 없었다. 유일한 회장은 1969년 사망했으며, 유류분제도는 1977년 제정되어 1979년 1월부터 유류분 반환청구권이 효력을 발휘했기 때문이다.

참고로 유류분제도에 따르면 가령 70억 원의 재산을 사회에 기부할 경우, 배우자와 자녀 2명이 있다면 이때 배우자는 70억 × 1/2 × 1.5/3.5로 계산해 15억 원을 받을 수 있다. 자녀는 각자 70억 × 1/2 × 1/3.5로 계산해 10억 원씩 받을 수 있다.

분쟁 없는 상속을 위한 유언장

익히 알고 있듯이 세상에는 미담만 있는 것이 아니다. 소소한 다툼이나 법적인 분쟁, 각종 범죄 등 아름답지 않은 수많은 일들이 돈 때문에 일어난다. 그중에서도 재산 상속 분쟁은 가족들끼리 서로 돈 몇 푼 더 가지겠다고 싸우는 것이니, 돌아가신 분으로서는 죽어서도 편히 눈을 감지 못할 안타까운 일이 아닐 수 없다.

유가족을 위해 남겨놓은 재산 때문에 발생할 수도 있는 가족 간 분쟁을 막으려면 상속 유언장부터 제대로 써야 한다. 그런데 이 유언장이 효력을 인정받으려면 법적 요건을 갖춰야만 한다.

다시 말해 유언은 누구나 자신의 의사에 따라 자유롭게 할 수 있지만, 그 방식과 내용에 대해서는 민법이 정하는 절차와 방법을 따라야 한다는 것이다. 이렇게 엄격한 방식을 요구하는 이유는 유언자의 진의를 명확히 함으로써 법적인 분쟁과 혼란을 예방하기 위함이다. 그러나 아이러니하게도 유언이 유언자의 진의에 합치된다 하더라도 법적 요건과 방식에 어긋난 유언은 무효가 된다.

민법이 정한 유언 방식은 자필증서, 녹음, 공정증서, 비밀증서, 구수증서 등 다섯 가지이다.

자필증서에 의한 유언

우리가 흔히 알고 있고 가장 많이 사용되는 유언 방식으로, 유언자가 직접 자필로 작성한 유언장이다. 그리고 분쟁 또한 가장 많이 발생한다. 다섯 가지 유언 방식 중 유일하게 증인이 필요 없다. 어쩌면 그 때문에 가장 많이 사용되고, 분쟁도 가장 많이 발생한다고 할 수 있다.

자필 유언장에 들어가야 될 내용은 의외로 간단하다. '누가, 언제, 어디서, 무엇을'만 있으면 된다. 그러나 다음과 같은 점에 주의해야 한다.

- 자필 : 다른 사람이 대신 써주거나 컴퓨터를 이용한 것, 그리고 복사본은 안 된다.
- 누가(유언자의 성명) : 성명을 쓰고 도장이나 지장을 찍어야 한다. 단, 서명은 안 된다.
- 언제(유언한 날짜) : 연월일을 적는다.
- 어디서(주소) : 거주하는 곳이나 주민등록지 주소를 적는다. 단, 구체적인 상세 주소를 적어야 한다.
- 무엇을(유언 내용) : 모호하지 않고 분명하게, 구체적으로 적는다.

녹음에 의한 유언

각종 음향 녹음 장치나 비디오 촬영기기를 이용해 녹음 및 동영상으로 유언을 남기는 방식이다. 스마트폰으로 촬영한 동영상 파일도 유효하다. 녹음에 의한 유언에는 유언자가 유언의 취지, 그 성명과 연월일을 구술하고, 이에 참여한 증인이 유언의 정확함과 자신의 성명을 구술해야 한다. 그런데 미성년자, 피성년후견인과 피한정후견인, 유언으로 이익을 받을 사람, 그의 배우자와 직계혈족의 경우에는 증인의 자격이 인정되지 않으므로 유의해야 한다.

공정증서에 의한 유언

유언자가 두 명의 증인이 참여한 가운데 공증인의 면전에서 유언의 내용을 말하고, 공증인이 이를 받아 적은 후 읽어주면, 유언자와 증인이 유언 내용과 일치함을 승인한 후 서명 또는 기명날인해야 한다. 이는 공증인법에 따라 공증인이 작성하므로 다른 유언 방식에 비해 분쟁 해결이 쉬운 편이다.

비밀증서에 의한 유언

유언장이 존재한다는 사실은 밝혀두지만, 그 유언이 효력을 발생할 때까지 그 내용은 비밀로 하기를 원하는 경우에 이용하는 방식이다. 유언자가 성명을 기입한 증서를 엄봉날인(단단히 봉해서 도장을 찍음)하고, 두 명 이상의 증인 앞에 제출해 자기의 유언서임을 표시한다. 유언봉서(유언서를 넣은 후 봉인한 봉투) 표면에 제출 연월일을 기재하고, 유언자와 증인이 각자 서명 또는 기명날인해야 한다. 그리고 유언봉서 표면에 기재된 날로부터 5일 이내에 이를 공증인 또는 법원 서기에게 제출하여 그 봉서 위에 확정일자 도장을 받아야 한다.

구수증서에 의한 유언

유언자가 질병 또는 그 밖의 급박한 사유로 다른 방식으로 유언할 수 없는 경우 이 방식을 통해 유언할 수 있다. 두 명 이상의 증인이 참여하고, 그중 한 명에게 유언 내용을 말하고, 이를 들은 증인이 받아적은 후 읽어주면 유언자와 증인이 유언 내용과 일치함을 승인한 후 서명 또는 기명날인해야 한다. 이 경우 급박한 사유가 종료한 날로부터 7일 이내에 검인을 신청해야 한다.

> 상속할 것인가,
> 증여할 것인가

상속은 사후에, 증여는 생전에

누군가로부터 재산을 상속받으면 피상속인의 사망 이후 6개월 이내에 신고를 해야 한다. 기한 내에 신고·납부하지 않으면 가산세를 내야 한다(기한 내에 신고·납부하면 납부할 세액의 7%를 공제받는다). 이때 상속 재산이 10억 원 이하일 경우에는 상속세 걱정을 할 필요가 없다. 5억 원까지는 일괄공제를 해주고, 피상속인의 배우자가 생존해 있다면 5억 원의 배우자공제도 받을 수 있기 때문이다.

그런데 재산이 10억 원이 넘어가면 이야기가 좀 달라진다. 상속이냐 증여냐에 따라 내야 할 세금의 액수가 달라지기 때문이다. 돈이 많은 사람이든 적은 사람이든, 예나 지금이나 위법만 아니라면 아니 법에 걸리지만 않는다면 누구든 세금을 가급적 안 내거나 덜 내고 싶어 한다. 그러나 세금은 무작정 두려워하거나 피하려 할 것이 아니라 제대로 알고 정당하게 내는 것이 바람직하다. 다만 몰라서 내지 않아도 될 세금을 더 내는 경우는 없어야 한다.

상속이나 증여는 자산이 세대 간에 무상으로 이전된다는 공통점이 있다. 이 둘의 차이점은 사후에 이루어지면 상속이고 생전에 이뤄지면 증여라고 보면 된다. 우선 상속세와 증여세를 어떻게 구하는지부터 간단하게 살펴보자.

상속세 계산 방법

상속세는 상속세 과세가액에서 각종 상속공제액을 뺀 과세표준에 상속세율을 곱한 다음 누진공제금액을 빼서 계산한다. 여기서 '상속세 과세가액'은 상속세가 매겨지는 과세 물건의 가액을 말하는 것으로, 다음과 같이 구한다.

```
    상속재산가액
 +) 증여재산가액
 -) 비과세 재산가액
 -) 과세가액 불산입 재산
 -) 공과금, 장례비, 채무 등
 ─────────────────────
  = 상속세 과세가액
```

상속재산은 상속 개시일 현재 경제적 가치를 가진, 피상속인의 모든 물건을 말한다. 보험금과 퇴직금도 포함된다. 또한 피상속인이 재산을 처분하거나 인출한 날이 상속 개시일 전 1년 이내라면 2억 원, 2년 이내라면 5억 원 이상일 경우 그 용도를 명백히 입증하지 못하면 이 역시 상속 재산에 포함된다.

상속세 과세가액에 포함되는 증여재산은 상속 개시일로부터 10년 이전에 증여한 재산과 상속인이 아닌 사람에게 사전 증여를 하고 상속 개시까지 5년이 지나지 않은 재산이다. 비과세 재산가액은 국가 등에 유증한 재산, 나무나 풀 등을 베지 못하게 되어 있는 임야나 묘토, 지정문화재 등이다. 과세가액 불산입 재산은 공익법인에 출연한 재산을 말한다.

그런데 상속세 과세표준 계산식을 살펴보면 상속세 과세가액이 상속공제액보다 적다면 상속세를 내지 않는다는 사실을 알 수 있다.

상속세 과세표준 = 상속세 과세가액 − 상속공제액

결국 상속공제액은 '상속세 면제 한도'라고 보면 된다. 이때 기초공제 및 인적공제와 일괄공제는 공제 금액이 큰 것을 선택해서 적용한다. 일반적으로 배우자와 다른 상속인이 있는 경우에는 10억 원, 배우자 없이 다른 상속인만 있는 경우에는 5억 원, 배우자만 있는 경우에는 7억 원에 대해 상속세가 면제된다.

| 과세표준에 따른 상속세와 증여세 세율 |

과세표준	세율	누진공제
1억 원 이하	10%	-
1억 원 초과 5억 원 이하	20%	1,000만 원
5억 원 초과 10억 원 이하	30%	6,000만 원
10억 원 초과 30억 원 이하	40%	1억 6,000만 원
30억 원 초과	50%	4억 6,000만 원

| 상속공제 |

구분		공제 금액	공제 한도
기초공제 및 인적공제	기초공제	2억 원	
	자녀공제	1인당 5,000만 원	인원수 제한 없음
	미성년자공제	19세까지 연수 × 1,000만 원	
	연로자공제	1인당(65세 이상) × 5,000만 원	
	장애인공제	장애인의 기대여명 × 1,000만 원	
일괄공제		5억 원	기초공제 등과 선택 적용
가업상속공제		가업상속재산가액 × 100%	200억~500억 원
영농상속공제		영농상속재산가액	5억 원
배우자 상속공제	5억 원 이상인 경우	Min(①, ②) ① 실제 상속받은 금액 ② (상속재산 × 법정상속지분) - (상속 개시 전 10년 이내 배우자가 사전 증여받은 재산의 과세표준)	30억 원
	5억 원 미만인 경우	5억 원	5억 원
금융재산 상속공제	2,000만 원 이하	순금융재산의 가액	
	2,000만 원 초과	20% 또는 2,000만 원 중 큰 금액	2억 원
재해손실공제		재해손실가액 - 보험금 등 수령액	
동거주택 상속공제		상속주택가액 × 80%	5억 원
감정평가 수수료공제			

상속세는 소득 금액이 커질수록 세율이 높아지는 누진세이므로 과세표준이 클수록 높은 세율을 부담해야 한다. 1억 원 이하는 10%이지만, 30억 원을 초과할 경우에는 50%의 세율이 적용된다.

증여세 계산 방법

증여세는 증여세 과세표준에 세율을 곱한 다음 누진공제액을 빼서 구한다. 증여세 세율은 상속세 세율과 같다. 그리고 증여세 과세표준은 증여세 과세가액에서 증여재산공제액을 제하면 된다.

증여세 과세표준 = 증여세 과세가액 − 증여재산공제액

증여재산공제는 가족, 친족 간에 증여할 때 일정액을 공제해주는 것으로, 10년간 배우자로부터 증여받으면 6억 원, 부모에게 증여받으면 5,000만 원(미성년자 2,000만 원)을 공제해준다. 참고로 장인이 사위에게 시아버지가 며느리에게 증여하는 경우에는 직계존속이 아니라 기타 친족 관계로 보아 1,000만 원만 공제해준다. 증여세 역시 상속세와 마찬가지로 일정 기간 내에 신고·납부해야 한다.

| 증여재산공제 |

수증자	배우자	직계존속	직계비속	기타 친족
공제한도액	6억 원	5,000만 원	5,000만 원	1,000만 원

※ 직계비속이 미성년자일 경우 2,000만 원

상속과 증여, 어떤 방법을 택할까

상속재산(상속세 과세가액)이 공제 한도보다 적다면 상속세도 증여세도 걱정할 필요가 없다. 그러나 상속재산이 공제 한도를 초과한다면 상속세를 내야 하는데, 앞에서 살펴보았듯이 상속재산가액이 클수록 높은 세율을 적용받아 세금도 많이 내야 한다. 이런 경우 증여세 공제금액 내에서 재산을 여러 차례 사전 증여를 해두면 향후 상속세 과세가액이 낮아지므로 세금을 줄일 수 있다.

이때 한 가지 주의할 점은 증여자가 동일인이면 10년간 증여가액을 합산하므로 이전 증여 시점에서 다음 증여 시점까지 10년이 넘어야 한다는 것이다. 예를 들어 배우자에게 8년 전에 3억 원을 증여하고 올해 새롭게 5억 원을 증여한다면, 6억 원까지는 증여세를 내지 않아도 되지만 나머지 2억 원에 대해서는 증여세를 내야 한다. 또한 배우자나 자녀에게 재산을 증여한 후 10년 이내에 증여자가 사망하면 증여재산도 상속재산에 포함된다.

과세표준이 30억 원인 재산을 자녀에게 한 번에 줄 때와 사전 증여를 통해 10억 원씩 세 번에 나눠서 줄 경우 세금을 단순 비교해보자.

과세표준 30억 원이면 세율 40%에 누진공제 1억 6,000만 원을 적용받으므로 세금은 10억 4,000만 원이다. 반면 과세표준이 10억 원이면 세율 30%에 누진공제 6,000만 원을 적용받으므로 세금은 2억 4,000만 원이다. 이를 세 번 더하면 7억 2,000만 원이다. 따라서 세 번에 나눠서 증여하면 3억 2,000만 원을 절약할 수 있는 것이다.

그러나 상속세의 경우 일괄공제액 5억 원과 배우자 상속공제액 5억 원을 합한 총 10억 원까지 공제받을 수 있으므로 상속재산이 10억 원을 넘지 않는다면 사전 증여를 고려할 필요는 없다.

사전 증여 시 주의할 점

증여공제는 상속공제에 비해 공제 한도액이 낮으므로 어떤 자산을 상속할 것인지 신중하게 판단해야 한다. 상속은 재산이 일괄적으로 상속되고 상속되는 자산 전체를 과세 대상으로 하지만, 증여는 증여자와 수증자의 합의에 따라 선택적으로 자산을 이전할 수 있다. 따라서 사전 증여 시 다음 사항에 유념하자.

첫째, 저평가 자산, 기대수익률이 높은 자산을 먼저 증여한다. 현 시점에 저평가되어 있지만 나중에 재산 가치가 올라갈 가능성이 높은 자산을 먼저 증여하면 절세에 유리하다.

둘째, 보험금을 수령할 때도 상속세나 증여세가 부과될 수 있다. 피상속인(상속을 해주는 사람)을 피보험자로 하는 보험의 경우 계약자와 수익자에 따라 부담해야 할 세금이 달라진다.

만약 부모의 사망을 담보로 하는 보험에서 계약자가 부모이고 보험수익자가 자녀라면 사망보험금을 수령할 때 상속세가 부과된다. 또한 저축성보험의 만기보험금도 계약자와 수익자가 다르다면 증여세를 내야 한다. 비록 계약자와 수익자가 모두 자녀라 할지라도 자녀에게 경제적 능력이 없다면 해당 보험료를 부모가 대신 납부한 것으로 간주해서 증여로 본다. 알고 보면 원리는 간단하다. 보험료를 낸 사람과 보험금을 받는 사람이 같으면 상속세나 증여세를 내지 않지만, 다르면 상속세나 증여세를 내야 한다.

셋째, 결혼하는 자녀에게 아파트를 사주는 경우도 직계비속에 대한 증여공제 한도액 5,000만 원을 초과하면 증여세가 부과된다. 예를 들어 자녀에게 2억 원짜리 아파트를 사준다면 1억 5,000만 원에 대한 증여세가 부과된다. 이런 경우에는 5,000만 원만 증여하고 나머지 1억 5,000만 원에 대해서는 자녀 명의로 담보대출을 받는다면 증여세를 물지 않을 수 있다.

> # 어쩔 수 없이
> # 부채를 상속받게 된다면

─ 부채도 상속 재산이다

세상을 떠나며 사랑하는 가족들에게 빚을 남겨주고 싶어 하는 부모야 있겠냐만 세상일이 어디 마음대로 되는가! 살아 생전에 자신의 부채를 청산하지 못했다면 그 짐은 오롯이 상속인에게 떠넘겨진다.

민법에서는 상속이 개시되면 상속인은 피상속인의 재산에 관한 포괄적 권리 의무를 승계한다고 규정하고 있다. 법적으로 부채 역시 상속재산에 해당하며, 선별적 상속은 불가능하다. 다시 말해 부채를 뺀 나머지 재산만 상속받을 수는 없다는 얘기다.

부채 상속을 피하려면

부채를 상속받지 않으려면 '상속 포기' 방법이 있다. 이는 상속의 권리와 의무 모두 포기하겠다는 의미로 재산과 부채 모두 물려받지 않겠다는 것이다. 반면 재산이 부채보다 많을 경우에는 물려받은 재산 범위 내에서만 빚을 갚을 수 있도록 '한정승인'을 해야 한다.

물려받을 재산보다 부채가 많은 것이 확실하다면 피상속인의 사망으로 상속이 개시된 날로부터 3개월 이내에 상속 포기 신청을 해야 한다. 만약 이 기간 내에 아무런 의사 표시 행위를 하지 않는다면 '단순승인'으로 간주한다. 단순승인은 '물려주신 것을 모두 받겠다'는 의미다.

상속포기 신청서를 작성하는 것은 어렵지 않다. 그러나 일단 상속포기 신고가 법원에 수리된 이후에는 취소하거나 철회할 수 없으므로 상속포기는 신중하게 결정해야 한다.

만약 피상속인의 재산 관계가 명확하지 않다면 상속포기보다는 한정승인을 택하는 것이 바람직하다. 한정승인을 하면 상속 개시 이후 상속받은 재산보다 부채가 많다면 상속재산 내에서 갚으면 되고, 부채가 그보다 적다면 부채 상환 후 남은 재산을 상속받으면 된다.

상속인의 재산과 피상속인의 재산은 별개의 재산으로 분리되므로 한정승인한 상속인이 가지고 있던 고유의 재산에 대해서는 압류 등의 강제집행을 할 수가 없다.

상속을 포기하면 채무는 소멸되나

상속인이 상속을 포기하면 부채는 완전히 소멸될까? 물론 그렇지 않다. 부채는 법정 상속 순위에 따라 순차적으로 이전된다. 이를 예방하기 위해서 상속재산 중 부채가 더 많은 것이 확실하고, 상속인이 두 명 이상일 경우에는 한 명은 한정승인을 하고, 나머지 상속인은 상속포기를 하는 방법이 있다.

어차피 상속받을 재산도 없는데 모두 상속포기를 해버리면 될 것을 왜 굳이 번거롭게 상속인 중 한 명에게 한정승인을 하라는 것인가? 그것은 1순위 상속인이 상속을 포기하면 그 부채가 차순위 상속인에게 넘어가기 때문이다.

생면부지의 먼 친척의 사망으로 갑작스레 부채를 떠안게 되는 경우도 있다. 이러한 선의의 피해를 예방하는 차원에서 상속인이 한 명이면 한정상속을, 상속인이 두 명 이상이면 한 명은 한정상속을 하고 나머지 상속인은 상속포기를 하는 것이다.

법정 상속 순위를 알아보면 1순위는 피상속인의 자녀, 손자녀 등 직계비속과 배우자, 2순위는 부모, 조부모 등 직계존속과 배우자, 3순위는 형제자매, 4순위는 4촌 이내의 방계혈족이다.

민법상 '직계혈족'이란 직계존속과 직계비속을 말한다. 형제자매와 형제자매의 직계비속, 직계존속의 형제자매와 그 형제자매의 직계비속을 '방계혈족'이라 한다.

사회가 핵가족화되고 친족 간 왕래가 드물어지면서 촌수에 대한 개념도 잘 모를뿐더러 4촌 이내의 방계혈족이 나와 어떤 관계에 있는 사람인지 개념이 없을 수도 있으니, 이번 기회에 알아두고 넘어가자.

| 가계도로 알아보는 상속 순위 |

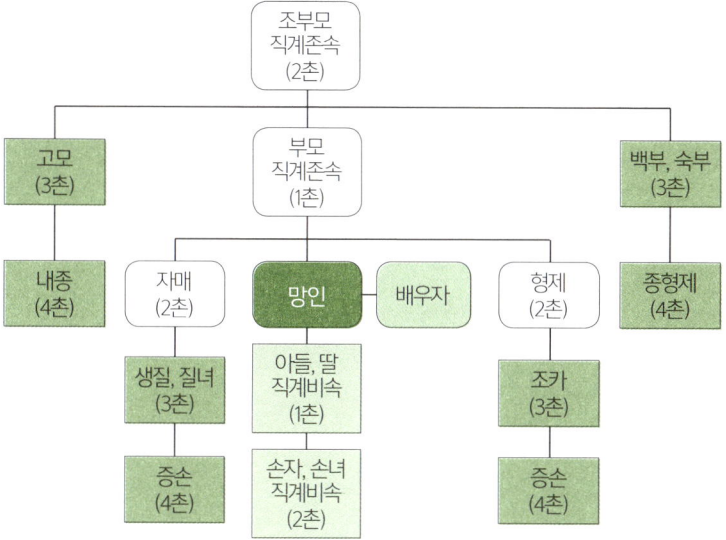

> # 노후에 달라지는
> ## 보험의 의미

보험, 노후를 위한 저축인가

"이 보험은 왜 가입하셨습니까?"

"아는 사람이 권해서 저축 삼아 가입했습니다."

아직도 보험을 저축 내지 노후 대비 수단으로 생각하는 사람들이 적지 않다. 그렇게 생각하는 가장 큰 이유는 일부 보험설계사들이나 은행의 방카슈랑스 창구에서 사람들에게 저축성 보험을 비과세 복리저축으로 오인하게 해서 판매하기 때문이다. 심지어 보장성 보험인 종신보험조차도 연금 전환 기능을 들먹이며 소위 '저축 삼아' 가입하도록 유도하고 있다. 이는 엄연히 보험 모집 질서 위반 행위이다.

물론 보험이 보장 기능뿐만 아니라 저축 기능도 갖고 있는 것은 사실이다. 종신보험의 저축 또는 재테크 기능을 설명하면서 종종 유대인의 종신보험 활용 사례를 들곤 한다. 유대인의 1인당 종신보험 가입액은 100만 달러(약 11억 원)에 이른다고 한다. 일찌감치 종신보험에 가입하여 사망보험금을 자녀들에게 남기고, 자녀들은 더 큰 금액의 종신보험에 가입해서 또 그 자녀들에게 남김으로써 보험금을 이용한 부의 증식과 대물림을 한다는 것이다.

가입자의 나이가 적을수록 보험료가 저렴하고, 기간에 따른 복리 효과를 생각한다면 분명 틀린 말이 아니다. 그러나 보험의 주목적은 위험 보장이다. 무턱대고 노후를 대비한다고 저축 삼아 가입할 성질의 것은 결코 아니다.

종신보험은 본연의 기능에 충실하게

종신보험의 주계약에서 보장하는 위험은 사망이다. 특히 경제적 가장의 사망으로 인해 발생하는 경제적 위기 속에서 유가족의 생계 보장과 자녀 교육비를 보험으로 대비하는 것이 종신보험의 기능이다. 이외에도 상속세를 대비하는 기능, 연금 전환을 통해 노후를 대비하는 기능도 있다.

하지만 이런 여러 기능이 실제로는 그다지 효력을 발휘하지 못하는 경우도 있으므로 각자의 상황에 따라 필요와 목적에 맞게 활용하는 게 좋다. 예를 들어 상속세를 대비하기 위해 종신보험에 가입한다면 상속 자산의 규모를 예측해보아야 한다. 상속세 일괄공제 금액이 5억 원이므로 상속 재산이 최소 5억 원을 초과하지 않는다면 애초에 종신보험으로 상속세를 대비할 필요가 없다.

종신보험의 연금 전환 기능 또한 마찬가지다. 말이 전환이지 사실은 해당 종신보험의 해지환급금을 나눠받는 것이다. 따라서 적립 보험료와 연금 전환 시의 환급률, 최저보증이율의 변동, 미래 가치를 고려해야 한다.

종신보험은 사망에 대한 보장이 주계약 내용이므로 사업비와 위험 보험료를 제외한 적립 보험료만 적립된다. 또한 종신보험 가입 시 최저보증이율이 3%대였다면 연금으로 전환함과 동시에 최저보증이율이 1%대로 떨어진다. 종신보험의 해지환급금이 100%를 넘어 납입 원금을 회복하려면 7~10년 정도 걸린다. 그러나 연금이나 저축보험의 경우 4~5년이면 원금이 회복되므로 저축이 목적이라면 처음부터 연금 상품을 이용하는 것이 유리하다.

그러므로 유대인의 사례처럼 상품에 대한 정확한 이해와 자신의 상황에 따른 명확한 목적과 계획을 가지고 있지 않다면, 저축 삼아 종신보험에 가입하고 유지하는 것은 바람직한 방법이 아니다.

은퇴 후에도 종신보험이 필요한가

앞서도 언급했지만 종신보험은 사망 보장이 주된 목적이다. 냉정하게 말하면 나를 위한 보험이 아니라, 비록 가족이지만 다른 사람을 위한 보험이다. 다시 한 번 말하지만 피보험자의 유고 시 보험금으로 유가족의 생계비와 자녀의 학비 등을 충당하려는 목적으로 가입하는 것이다.

따라서 막내 자녀가 취업을 했거나 교육을 마쳤다면 교육비 목적은 소멸되고, 은퇴 자금에 대한 준비까지 어느 정도 되어 있다면 생계비 목적도 소멸된다. 생계비와 교육비 목적이 사라졌다면 이제 종신보험을 어떻게 할 것인지는 상황에 따른 선택의 문제이다.

먼저 보험료 납부 기간이 아직 남아 있다면 감액 완납을 택할 수 있다. 감액 완납은 해당 시점에 보험계약자가 받을 수 있는 해약환급금을 동일한 종류의 일시납 보험의 보험료로 충당하는 것으로 보험 가입 금액만 감액한다.

종신보험은 비교적 납입 기간이 긴 보험이다. 예를 들어 40세에 주계약 사망보험이 3억 원인 종신보험에 30년납으로 가입했다면, 60세에 정년퇴직을 해 주된 소득이 사라진 이후에도 10년 동안 보험료를 계속 납부해야 한다. 그런데 60세가 되었을 때 감액 완납을 한다면 보험금은 약 2억 원으로 감액되고 보험료는 완납한 것으로 처리된다.

이미 보험료를 완납한 경우에는 유지, 해지, 연금 전환 방법 중 하나를 선택할 수 있다. 유지할 것인지, 해지할 것인지에 대한 판단은 노후 자금의 준비 정도에 따라 판단하면 된다. 당장 목돈이 필요한 상황이라면 해지를, 매달 고정적인 소득이 더 필요하다면 연금 전환을 생각해볼 수 있다.

해지나 연금 전환 전에 반드시 확인해야 할 것은 해당 종신보험에 부가되어 있는 특약들이다. 주요 질병에 대한 진단금이나 실손보험이 함께 묶여 있다면 가급적 유지하기를 권한다.

급히 목돈이 필요하지만 특약으로 묶여 있는 보장을 유지하기 위해 보험을 해지할 수 없다면, 약관 대출을 받는 방법이 있다. 유니버셜 기능이 있는 상품이라면 중도 인출을 고려해볼 수도 있다. 약관 대출과 중도 인출 모두 해지환급금의 50% 범위 내에서 받을 수 있다. 차이가 있다면 약관 대출은 대출이자를 물어야 하지만 적립금이 유지되고, 중도인출은 대출 이자가 없는 대신 인출(소정의 인출 수수료 필요)한 만큼 적립금이 줄어든다는 것이다. 따라서 단기간 소액이 필요하고 상환 계획이 있다면 약관 대출이, 비교적 장기간 고액이 필요하다면 중도 인출을 하는 것이 나을 수 있다.

꼭 필요한 실손의료보험

은퇴 이후 활동력이 줄어들면 지출도 줄어들기 마련인데, 오히려 늘어나는 것도 있다. 의료비와 간병비가 바로 그것이다. 다행히 실손의료보험을 가지고 있다면 해지를 권유하는 어떤 유혹에도 흔들리지 않기를 바란다.

만약 실손의료보험이 없다면 만 50세부터 최대 만 75세까지 실버 세대를 위한 노후실손보험도 있는데, 납입 보험료가 비교적 저렴한 대신 자기부담비율이 급여 20%, 비급여 30%로 일반 실손의료보험에 비해 다소 높은 편이다. 문제는 이 노후실손보험은 1년마다 갱신되고, 3년이 지나면 재가입해야 한다는 것이다. 심사를 통해 가입할 수 있는 데다 갱신 시 보험료 인상폭이 커서, 이 상품의 출시 배경이라 할 수 있는 국민 노후 보장 정책으로서의 실효성이 의심스럽다.

2015년 3개 시민사회단체와 정의당이 함께 벌였던 노후실손보험 실태 조사 결과에 따르면 직접 노후실손보험 가입을 신청한 106명의 노인 중 31명만이 가입이 가능하다는 답변을 받아 가입 거부율이 71%에 달했다.

이와 같은 문제점을 해소하고, 우리 사회가 2026년 초고령사회로 진입할 것이라는 전망에 따른 안정적인 노후 생활 보장 대책을 마련하기 위해 논의가 진행되고 있다. 2017년 2월, 고령화 사회를 대비한 보험 상품 개발 등을 논의하기 위해 금융위원회와 금융감독원, 생명보험협회, 손해보험협회 등이 함께 고령화 보험 개발 태스크포스팀을 발족했다.

금융 당국에 따르면 은퇴 시점에 있는 실손의료보험 비가입자들이 적정 수준의 보험료로 보장받을 수 있는 보험 상품 개발이 가능한지 업계와 협의 중이며, 가입 연령을 70세나 80세 등으로 확대할 수 있는지도 타진하고 있다고 한다.

또한 보살핌이 필요한 65세 이상 고령자를 위한 혼합 간병 시스템 도입에 대해서도 연구를 진행 중이다. 혼합 간병이란 간병이 필요한 본인을 위해 서비스를 지원하고 보험을 적용하는 간병보험과 해당 가족을 위해 집안일을 지원하지만 보험에서 보장하지 않는 비급여 서비스를 함께 이용할 수 있는 것을 말한다. 아직 논의를 시작하는 단계이고 보험사의 수익성이나 시장의 현실을 고려해야 하는 등의 숙제를 안고 있어 이 역시 실효성이 의심스럽지만 지켜볼 일이다.

325간편심사보험(유병자 보험)

과거에 병을 앓았던 적이 있거나 현재 고혈압, 당뇨 등 만성 질환으로 치료를 받고 있는 사람 또는 보험 가입이 어려운 고령자 등을 대상으로 하는 건강보험 상품이다. 주요 보장 내용은 암, 뇌출혈, 급성 심근경색 등 주요 질병의 진단비, 수술비, 입원비이며 사망에 따른 보험금은 대폭 낮췄다.

325간편심사보험은 가입하기가 쉬운 대신 보험료가 비싼 편이다. 325보험이라고 칭하는 이유는 최근 3개월 이내 의사로부터 입원, 수술 또는 추가 검사 필요 소견을 받은 사실이나, 최근 2년 이내 질병 또는 상해사고로 입원 또는 수술을 받았거나, 최근 5년 이내 암으로 진단, 입원 또는 수술을 받은 사실이 없으면 가입이 가능하기 때문이다.

만약 암, 뇌출혈, 급성 심근경색 등 주요 질병에 대한 보험이 없고, 과거 병력이 있거나 만성질환으로 보험에 가입하기 어려웠다면 325간편심사보험을 고려해볼 만하다.

허울뿐인 간병보험

가족이 아프거나 다쳐서 병원에 입원을 했을 때, 남은 가족이 병실에서 환자를 돌보는 모습은 이제 찾아보기 힘들어졌다. 입원 환자의 간병은 간병사의 몫이 되었고, 환자나 환자 가족은 병원비와 별도로 하루 8만~10만 원씩이나 드는 간병비를 지불해야 한다. 입원비보다 오히려 간병비가 더 비싸다. 그런데 1~2주나 1~2개월이 아니라 평생 동안 간병을 요하는 가족이 있다면 어떨까?

수명이 길어지면서, 치매 환자들이나 거동이 불편해서 혼자 힘으로는 일상생활이 어려워 간병을 요하는 노인 인구가 크게 증가하고 있다. 이러한 사회 현상과 그로 인한 가족의 애로를 파고들며 보험사에서 마케팅에 열을 올리고 있는 상품이 바로 간병보험이다.

간병보험은 장기요양등급에 따라 보험금을 지급하는 보험이다. 장기요양등급은 1~5등급으로 나뉜다. 간병보험은 백세시대에 꼭 필요한 보험처럼 보이지만, 실질적으로 치매 1, 2등급으로 판정받기가 쉽지 않고 3, 4등급의 경우 보험금이 턱없이 적어 가성비가 매우 낮은 보험이라 할 수 있다.

보험사는 이런 단점을 보완하기 위해 장기 요양 상태가 발생하지 않고 일정 시점에 해지를 하면 목돈을 받을 수 있다든지, 장기 요양 상태가 발생하면 모았던 돈을 2배로 주는 보험 상품들을 내놓기도 했다. 결국 주객이 전도되어 보장성 보험인 간병보험을 비과세 저축이라는 미끼를 이용해 판매한다 해도 과언이 아니다.

예측 불가능한 미래의 불확실한 위험을 모두 보험으로 대비할 수는 없거니와 그래서도 안 된다. 백세시대를 살아가는 우리에게는 당연히 도래할 예측 가능한 위험에 대한 대비가 우선이고 필수적이기 때문이다. 따라서 미래를 대비하기 위한 보험과 저축의 슬기로운 조화가 필요하다. 그런 의미에서 간병비를 위한 보험을 준비하는 것보다는 저축을 통해 간병비를 포함한 노후 생활 자금을 준비하는 것이 현명하다 하겠다.

> # 퇴직 이후
> # 건강보험료

건강보험료를 줄이려면

    퇴직을 하면 원치 않아도 받게 되는 자격취득 통지서가 또 하나 있다. 국민건강보험 지역가입자 자격취득 통지서이다. 은퇴 이후 소득이 없어도 건강보험료는 계속 납부해야 한다. 회사를 그만두면 직장가입자에서 지역가입자로 전환되는데, 자가 주택과 자동차를 가지고 있는 사람은 평가소득이 높아서 소득이 없더라도 직장가입자 시절보다 보험료가 올라가는 경우가 많다.

    이 경우 보험료를 절감하는 가장 확실한 방법은 직장가입자인 자녀의 피부양자로 등재하는 것이다. 자녀의 피부양자로 등재하면 건강보험료를 내지 않아도 될 뿐만 아니라, 자녀가 부담하는 건강보험료가 인상되지도 않는다.

만약 피부양자 등재 조건에 부합하지 않거나, 직장가입자 자녀가 없다면 두 번째로 생각할 수 있는 것이 '임의계속가입제도'다. 임의계속가입을 신청하면 퇴직 이후 2년간 기존의 직장보험료만 납부하면 건강보험 혜택을 볼 수 있게 하는 제도이다. (직장가입자의 피부양자 등재조건 강화에 따른 충격 완화책의 일환으로 2018년 7월부터 임의계속가입 기간이 기존 2년에서 3년으로 연장된다. 그러나 이미 임의계속가입 혜택을 받고 있는 경우에는 2년으로 기간이 만료된다.)

퇴직을 하고 지역건강보험 가입 안내문과 함께 보험료 납부 고지서를 받으면 기존의 직장보험료와 지역보험료를 비교해보고, 지역보험료가 더 높다면 지역보험료 납부 기한 만료일로부터 2개월 이내에 건강보험공단에 임의계속가입 신청을 하면 된다.

그러나 앞으로는 건강보험료 부과 체계가 개편된다는 사실도 알아두어야 하겠다. 개편안의 주된 내용은 서민의 경제적 부담을 덜고, 가입자 간 형평을 높이는 것을 우선으로 하고 있다.

있어도 안 내고, 없어도 내는 건강보험료

2014년 2월, 서울 송파구 석촌동의 단독주택 지하 1층에 세 들어 살던 박 모 씨와 두 딸이 생활고에 시달리다 방 안에 번개탄을 피워놓고 동반 자살한 사건이 있었다. 이른바 '송파 세 모녀 사건'이다. 당시 60세인 박 모 씨는 식당에서 일하며 생계를 이어가고 있었고, 당뇨와 고혈압을 앓고 있던 큰딸은 제대로 치료도 받지 못하고 있었으며, 작은딸은 월급이 아닌 연봉이 고작 15만 원 정도인 만화가 지망생이었다. 그러던 중 어머니가 팔을 다쳐 식당을 그만두자 수입이 없어졌으나, 건강보험공단은 두 딸이 일할 수 있는 나이고, 보증금 500만 원에 월세 50만 원을 평가 소득으로 간주해서 건강보험료 48,000원을 부과했다.

이 사건으로 인해 아무리 소득이 많아도 재산과표 9억 원 이하, 이자소득과 배당소득 합계액 연간 4,000만 원, 연금소득 연간 4,000만 원, 근로소득과 기타소득 합계액 4,000만 원 이하의 조건만 갖추면 직장건강보험 가입자의 피부양자로 등재되어 건강보험료를 단돈 10원도 내지 않아도 되는 건강보험료 부과 체계의 문제점이 세간의 주목을 받게 되었다. 이후 복지 사각지대에 대한 논란과 법안 개정의 목소리가 높아져왔다.

결국 지난 2017년 3월 30일 국민건강보험법 일부 개정안이 국회 본회의를 통과했다. 개편안은 2단계로 시행되는데 1단계는 2018년 7월부터, 2단계는 2022년부터 시행된다.

건강보험료 부과 체계 개편

현행 건강보험료 부과체계는 성별, 연령, 재산, 소득, 자동차 등으로 추정한 평가소득에 대해 보험료를 부과하는데, 소득이 없거나 적더라도 평가 소득을 적용했다. 그리고 자가 주택은 재산 공제

없이 전액에 대해 보험료를 부과했으며, 15년 미만의 모든 자동차에 보험료를 부과했다.

그러나 개편안에서는 평가 소득 보험료를 폐지하고 소득만을 기준으로 보험료를 부과한다. 최저 보험료를 도입해서 총수입이 최대 연 100만 원 이하인 가구는 월 보험료를 13,100원만 부과하고, 최저 보험료보다 현행 보험료가 적은 경우에는 현행 수준을 유지하기로 했다. 그리고 시가 2,400만 원 이하(2단계 1억 원 이하)의 자가 소유 및 4,000만 원 이하(2단계 1억 6,700만 원 이하)의 무주택 전월세 재산 보험료는 면제해준다.

자동차에 부과된 보험료도 축소된다. 1단계에는 1,600cc 이하, 9년 이상된 자동차에 대한 보험료를 면제해주고, 1,600cc 초과 3,000cc 이하 승용차에 대한 보험료는 30% 경감해준다. 2단계에는 4,000만 원 이상의 승용차에 대해서만 보험료를 부과한다. 반면 소득이 높은 지역가입자 상위 4%는 보험료가 평균 53,000원 인상될 수 있다.

퇴직 등으로 인해 지역가입자로 전환되더라도 평가 소득보다 실질 소득 중심으로 건강보험료가 부과된다. 만약 지금 현재 지역가입자로 93,000원 정도의 보험료를 내고 있는 경우, 2단계 개편안이 시행되면 48,000원 정도로 인하될 것으로 예상된다.

직장가입자의 피부양자 등재 조건 강화

직장건강보험 가입자의 피부양자 등재 조건도 강화되는데 현재는 금융소득, 공적연금, 근로소득과 기타소득 합계액 중 하나가 연 4,000만 원을 초과하거나 재산이 시가 18억 원을 초과하면 지역가입자로 전환된다. 하지만 개편안에서는 모두 합산한 소득이 연 3,400만 원을 초과하거나 재산이 시가 11억 원을 초과하면서 소득이 연 1,000만 원을 초과할 경우 지역가입자로 전환된다.

그리고 고령층, 청년, 장애인이 아닌 형제·자매는 피부양자에서 제외하고, 부모와 자녀 등 직계존비속만 포함하기로 했다.

고소득 직장인 건강보험료 인상

월급이 많거나 월급 외 소득이 많은 직장인은 보험료를 일부 더 부담하게 된다. 먼저 월급이 7,810만 원 이상인 고소득 직장인의 경우 보험료 상한선이 월 239만 원에서 월 301.5만 원으로 올라간다. 그리고 월급 외 소득이 연간 7,200만 원을 초과할 경우 전체 소득에 대해 3.06%의 보험료를 부과했으나, 개편안에서는 연간 3,400만 원을 초과할 경우 해당 소득에서 3,400만 원을 공제한 금액에 6.12%의 보험료를 부과하게 된다.

5

행복한 노후와
아름다운 마무리

> 노는 방법을 모르면
> 시간을 주체할 수 없다

놀이를 배우자

먹고사는 대안, 소위 호구지책이 마련되었다고 해서 은퇴 준비가 끝난 것은 아니다. 나름 먹고살 만한 은퇴자들은 이구동성으로 먹고사는 문제보다 어떻게 사느냐가 중요하다고 말한다. 당장 부족한 은퇴 자금을 걱정하는 중장년층들은 행복한 고민이라고 말할 수도 있겠지만, 어떻게 살 것인가라는 고민은 심각하고 중요한 문제임이 분명하다.

서울대학교 한경혜 교수의 〈한국의 베이비부머 연구〉에 따르면 베이비부머가 희망하는 노후 생활은 1순위 취미생활(42.3%), 2순위 소득 창출(18.8), 3순위 자원봉사(16.8%) 순이고, 전체 베이비부머의 44%가 향후 자원봉사활동에 참여할 의사가 있는 것으로 나타났다.

그런데 2015년 통계청에서 발표한 〈고령자의 시간 활용과 의식〉이라는 자료에서 아이러니한 현상을 발견할 수 있다. 이 자료에 따르면 우리나라 65세 이상 시니어들은 하루 중 30.3%에 해당하는 7시간 16분을 여가활동에 사용하는데, 이 가운데 텔레비전 시청 시간이 3시간 48분으로 50%를 넘어선다는 사실이다.

거의 모든 사람들의 버킷 리스트에 단골 목록으로 들어가는 여행도 마음껏 다니고, 다양한 취미생활도 즐기고, 자원봉사활동도 하면서 지낼 줄 알았는데, 그 모든 것이 단지 희망사항이었을 뿐 현실은 그렇지 않았다. 과연 왜 그럴까? 나는 그것은 다름 아니라 '놀이'를 몰랐기 때문이라고 생각한다.

당신은 친구들을 만날 때 약속 장소를 어디로 잡는가? 만약 그곳이 술집이라면 십중팔구 당신은 신세대가 아니다. 중장년층과 베이비부머 세대들에게는 마땅한 놀이가 없었다. 아니 어쩌면 놀이가 없었다기보다 그것을 즐길 만한 경제적인 여유와 시간적인 여유가 그리고 심리적인 여유가 없었다고 해야 한다. 그들의 유일한 놀이는 유행가 가사에도 나오는 "술 마시고 노래하고 춤추는 것" 소위 음주가무가 전부였다. 친구들을 만나는 장소는 달라도 그곳이 술을 마시는 곳이라는 사실에는 변함이 없다..

이제 진정으로 노후를 풍요롭게 보내기 위해서는 '놀이'에 대해 알고 '놀이'에 대해 배워야 한다. 놀이란 인간의 생존과 관련이 있는 활동과 '일'에 해당하는 활동을 제외한 모든 신체적, 정신적 활동(한국민족문화대백과)을 말한다. 이는 삶의 재미를 적극적으로 추구하고 즐기고자 하는 의지적인 활동이다. 일정한 신체적, 정신적인 활동을 전제로 하며 정서적 공감과 정신적 만족감을 바탕으로 이뤄지는 활동으로 막연한 휴식은 놀이가 아니다.

놀이와 일은 의식적인 활동이라는 점, 자아실현의 기회가 된다는 점, 삶의 보람과 성취를 느낄 수 있다는 점에서 같다. 그러나 놀이는 즐거움을 전제로 하지만 일은 물질적 소득을 전제로 한다는 점이 다르다. 물론 일 속에서 즐거움을 찾을 수도 있지만 그것은 필수적인 것이 아니다.

차고도 넘치는 여가

그동안 힘들게 일하고 열심히 돈 벌며 고생하고 살았으니 이제 다 내려놓고 편히 쉬면 될 것을, 노는 게 뭐가 힘들다고 그냥 되는대로 놀면 되지 굳이 놀이를 배우기까지 해야 할까?

이유는 두 가지다. 첫째, 놀아본 사람이 놀 줄 안다고, 노는 방법을 몰라서이고, 둘째, 아무 할 일 없는 시간이 감당할 수 없을 만큼 많기 때문이다.

앞서도 말했지만 대부분의 가장들은 은퇴하는 그날까지 놀이를 즐길 경제적 여유, 심신의 여유가 없었다. 요즘에는 다양한 오락과 레저·스포츠를 비교적 손쉽게 접할 수 있지만, 그것을 즐길 만큼 익숙해지기 위해서는 적지 않은 시간과 돈이 필요하다. 더구나 나이가 들수록 더 많은 시간과 돈과 노력을 들여야 배우고 익힐 수 있다.

그러나 늦었다고 지레 포기해선 안 된다. 놀이를 배워야 하는 두 번째 이유는 은퇴를 하면 남는 시간이 너무 많다는 점이다. 은퇴 이후 주어지는 시간은 그냥 많은 정도가 아니다. 하루에, 한 달에, 일 년에 몇 시간이 남는지 굳이 계산해보지 않아도 된다. 우리가 매일 직장에서 또는 사업장에서 보낸 모든 시간만큼이 남는 시간이다.

예를 들어 하루 근무 시간 8시간에 출퇴근 시간이 2시간이라면, 퇴근 전후에 남는 시간들을 제외하더라도 매일 10시간의 여유 시간이 생긴다. 10시간 동안 텔레비전만 보면서 보낼 수도, 매일같이 술만 마시며 보낼 수도 없지 않은가?

따라서 세상에는 어떤 놀이들이 있는지, 그중에서 나의 흥미와 적성에 맞는 놀이, 현대적으로 일컫는다면 레저·스포츠와 취미활동이 무엇인지 찾아보고 경험해보아야 한다. 그리고 나는 무엇을 좋아하고 할 수 있을지 결정한 다음, 늦기 전에 배우고 익혀두어야 한다.

> 지속적으로 배우고
> 함께 나누자

배우고 익히면 기쁘지 아니한가!

놀이에 해당하는 레저·스포츠와 취미활동 이외에도 자기계발을 위한 교양·학습 활동과 자원봉사도 풍요로운 노후 생활에 필수적인 요소라 할 수 있다.

"학이시습지 불역열호(學而時習之 不亦說乎)", 배움에서 기쁨을 느낀다는 공자님 말씀이 아니더라도 우리는 잘 알고 있다. 해마다 졸업과 입학 시즌이 되면 아들이나 손자뻘 되는 동급생들과 입학을 하고 졸업을 하는 어르신들에 대한 뉴스를 접하곤 한다. 통계청 조사에 따르면 우리나라 베이비부머 10명 중 8명이 경제적 형편 때문에 원하는 공부를 못했다고 한다.

타이완의 자오무허(趙慕鶴)는 나이가 들어 귀가 점점 들리지 않게 되자 전화로 기차표 예매하기가 힘들어 컴퓨터를 배우기 시작했다. 사람들은 "곧 죽을 텐데 뭐 하러 배우냐?"라고 말했지만 그는 "나는 죽지 않았네. 이렇게 살아 있지 않은가"라고 대답했다. 그는 나이를 내려놓고 모두가 만류하는 무모한 도전을 시작했다. 75세 유럽 배낭여행, 87세 대학교 입학, 93세 병원 자원봉사, 그리고 98세 대학원 졸업 등이 그가 세운 기록들이다. 다음은 2013년 EBS 〈지식채널〉을 통해 소개될 당시 102세였던 그가 남긴 말이다.

"사람들은 마음만 먹으면 뭐든지 할 수 있습니다. 원하고 원하지 않고의 차이가 있을 뿐이죠."

960차례의 도전 끝에 마침내 운전면허증을 따내 959전 960기 신화를 쓴 전북 완주의 차사순 할머니의 당시 나이는 70세였다. 이로 인해 차사순 할머니는 텔레비전 광고에도 출연하였으며, 할머니의 지칠 줄 모르는 도전정신을 배워야 한다며 국내 언론 및 외신에도 소개되었다. 적어도 배움에 있어서 나이는 숫자에 불과하다.

봉사활동이 가져다주는 변화

우리나라 베이비부머가 희망하는 노후 생활 3순위가 자원봉사였지만, 연령대별 자원봉사활동 참여율에 관한 통계청 자료를 보면 60대의 봉사활동 참여율은 7.8%로 최하위에 그쳤다. 그런데 10대의 참여율은 69.4%로 다른 연령대에 비해 월등히 높게 나타났다.

알고 보니 거기에는 기가 막힌 이유가 있었다. 1995년 5·31교육개혁의 일환으로, 학생들의 창의성과 인성 함양을 위해 자원봉사활동 시간을 내신 성적에 반영하기로 한 것이었다. 찬반 논쟁이 끊이지 않고 있다고는 하지만 봉사활동을 내신성적에 반영하는 순간 이미 그 자원봉사는 '자원(自願, 어떤 일을 자기 스스로 하고자 하여 나섬)'이 아니라는 사실을 부인할 수는 없을 것이다.

심지어 대학교에서조차 사회봉사 시간을 졸업의 필수요건으로 삼는 곳도 있다고 한다. 그뿐만 아니라 봉사활동을 매매하거나 봉사와 무관한 일을 봉사활동으로 인정해주는 편법도 유행하고 있다고 한다.

진정한 자원봉사활동은 내신성적을 위한 점수 따기나 졸업을 위한 요식 행위가 아니다. 그것은 우리에게 여러 가지 긍정적인 변화들을 가져다준다.

자원봉사활동이 개인이나 지역사회, 공동체 의식 등에 미치는 영향에 대한 다양한 연구가 활발히 이뤄지고 있는데, 한 조사 결과에 따르면 자원봉사활동을 경험한 사람들이 몸소 느끼는 변화들로 다음과 같은 것들이 있다.

'자원봉사를 통해 타인의 삶을 변화시켰다', '내가 사는 지역사회를 더 잘 이해하게 되었다'는 것에서부터 '동료들과의 관계가 좋아졌다', '가족관계가 좋아졌다'는 것까지, 그리고 무엇보다 '자기 자신에 대해 긍정적으로 생각하게 되었다'는 응답이 가장 많았다.

선한 일을 하면 장수한다

봉사활동의 효과에 대한 사회학적 연구 외에도 1998년 미국 하버드대학교 의과대학에서는 남을 돕는 활동을 통해서 일어나는 정신적, 신체적 변화에 대한 연구를 했다. 그 결과 테레사 수녀처럼 남을 위한 봉사활동을 하거나, 선한 일을 생각하거나 그것을 간접적으로 보기만 해도 인체의 면역 기능이 크게 향상된다는 것을 밝혀냈다. 이를 '마더 테레사 효과' 또는 '슈바이처 효과'라고 부른다.

그리고 실제로 남을 도우면 느끼게 되는 최고조에 이른 기분을 정신의학적 용어로 '헬퍼스 하이(Helper's high)'라 한다. 2003년 미시간대학교의 연구에 따르면, 남을 돕고 난 후의 심리적 만족감인 헬퍼스 하이의 영향으로 혈압과 콜레스테롤 수치가 낮아지고, 엔돌핀이 정상치의 3배 이상으로 상승하며, 타액 속의 바이러스와 싸우는 면역항체(Ig A)가 상승하는 등 진정한 배려와 봉사는 봉사자 자신의 건강에도 유익하다는 놀라운 결과가 나왔다.

봉사활동이 인간의 수명에 미치는 영향에 관한 연구도 있다. 미시간대학교 사라 콘래스 박사팀의 연구에 따르면, 최근 10년간 남을 위해 정기적으로 봉사활동을 한 적이 있다고 응답한 사람들은 4년 뒤 1.6%만이 목숨을 잃은 데 비해, 봉사활동 경험이 없는 사람들 중 같은 기간에 숨진 사람의 비율은 4.3%로 3배가량이나 높게 나타났다.

여기서 주목할 만한 점은 수명을 연장하는 효과는 오로지 순수하게 남을 위해 봉사한 사람들에게만 나타났다는 것이다. 봉사활동을 했더라도 자신의 만족을 위해 봉사한다고 응답한 사람들의 사망률은 봉사활동을 하지 않은 사람과 거의 차이를 보이지 않았다.

다양한 활동을 위한 네 가지 선택 기준

일 외에 은퇴 이후에 할 수 있는 것들을 놀이(레저·스포츠와 취미), 자기계발(교양, 학습), 봉사활동 등 분야별로 나눠서 각각 하나 이상씩 골고루 찾아보자. 이때 다음 네 가지 기준을 고려해야 한다.

- 자신의 흥미, 관심, 개인적 여건
- 삶에 도움을 줄 수 있는 분야인가?
- 전문가 수준까지 발전시킬 수도 있는가?
- 정적인 활동과 동적인 활동의 균형

자신의 흥미, 관심, 개인적 여건을 고려하라

'친구 따라 강남 간다'는 속담이면 충분히 설명이 되겠다. 알다시피 이 속담은 자기는 하고 싶지 않은데 남에게 이끌려 덩달아 하게 되는 것을 이르는 말이다.

앞서도 말했지만 놀이는 '삶의 재미를 적극적으로 추구하고 즐기고자 하는' 활동이다. 놀이뿐만이 아니다. 취미든 교양이든 학습이든 내가 좋아하고 관심이 있는 것을 해야, 그 자체를 즐기면서 재미있게 할 수 있다는 건 당연한 일 아닌가. 인체에 놀라운 변화를 가져다준다는 봉사활동도 누가 시켜서 억지로 하면 긍정적인 효과를 기대할 수 없다고 했다. 더구나 1, 2년 하고 말 일이 아니라 은퇴 이후 평생을 해야 하는데, 다른 사람 눈치 보며 할 이유가 없다.

주변에서, 친구의 권유로 골프를 시작해보겠다고 고가의 골프 클럽부터 산다든지, 중년 남성들의 로망이라고 하는 색소폰을 배워보겠다고 악기부터 샀다가 적성에 안 맞아 그만두는 등의 경우를 한두 번은 보았을 것이다.

또한 자신의 경제적인 여건과 건강 상태, 체력 등도 고려해야 한다. 사실 요즘은 등산을 하더라도, 평소 신던 운동화에 청바지나 체육복을 걸쳐 입고 거침없이 산을 오르던 옛날과는 많이 다르다. 동네 뒷산에 가도 유명 브랜드 등산화에 등산복, 거기에 각종 전문 등산장비와 선글라스까지, 당장 에베레스트 정상에 도전해도 될 만큼 폼나게 갖춰야 당당하게 집을 나설 수 있다.

삶에 도움을 줄 수 있는 분야인가

내가 하고자 하는 활동이 현재, 또는 미래의 삶에 도움을 줄 수 있는 분야인가? 버락 오바마 전 미국 대통령은 미래의 문맹자(文盲者)는 인공지능 문법을 모르는 사람이라고 했다. 그는 2013년 컴퓨터 교육 주간 기념 연설을 통해 "코딩 기술을 배우는 것은 개인의 미래를 위해서만이 아니라 미국의 미래를 위해서도 중요하다"라고 강조했다.

아무리 그래도 인공지능까지는 좀 과하다 생각할 수도 있겠다. 그러나 인공지능은 엄청난 속도로 진화하고 있고, 인공지능 로봇이 우리 실생활에 함께할 날도 머지않았다. 나이가 들어갈수록 이해력과 순발력이 떨어지기 때문에 만약 한순간만 그 변화를 놓쳐도 따라잡기가 힘들어진다. 결국 문맹자와 같은 답답한 입장에 처할 수도 있다.

집집마다 한 대 이상 가지고 있는 컴퓨터를 능숙하게 다루는 일에 도전해보는 것은 어떨까? 당장 필요한 정보를 광범위하게 섭렵할 수 있을 뿐만 아니라, 미래의 다양한 가능성을 만들어낼 수 있을 것이다.

전문가 수준까지 발전시킬 수도 있는가

놀이나 취미, 교양을 가볍게 즐기는 것에 만족할 수도 있지만, 재미 삼아 시작했다가 전문가의 반열에 오르는 경우도 드물지 않다. 물론 시작부터 전문가가 되겠다고 무리를 한다면 놀이가 노동이 될 수도 있다. 하지만 자신의 흥미와 적성에 꼭 맞는 활동을 찾아서 꾸준히 시간을 투자하고 열정을 쏟는다면 어느 순간 전문가에 버금가는 수준에 도달할 수도 있다. 나아가 생각지도 않았던 제2의 직업을 갖게 될 수도 있다.

SBS〈세상에 이런 일이〉와 KBS 2TV〈생생정보통〉에 소개되었던 나뭇잎 예술가 김종명 씨의 경우가 좋은 예이다. 35년간 평범한 공무원 생활을 하며 일이 삶의 전부였던 그에게 정년퇴직 후 찾아온 긴 휴식의 시간은 그야말로 방황의 시간이었다. 그러던 어느날 인터넷을 통해 우연히 스페인 예술가 로렌조 듀란의 나뭇잎 공예 작품을 보게 되었는데, 이후 그는 가족의 반대를 무릅쓰고 갖은 시행착오를 거듭하며 밤낮으로 나뭇잎 공예에 매달렸다. 그로부터 3년 만에 개인 전시회를 열면서 그의 작품이 세상에 알려졌고, 지금은 개인 작업장과 갤러리를 가진 명실상부한 나뭇잎 공예 예술가로 자리 잡았다. 그뿐만 아니라 그는 숲해설가, 환경 강사, 시인으로도 왕성한 활동을 펼치고 있다.

정적인 활동과 동적인 활동의 균형을 고려하라

정신건강과 육체건강, 어느 한쪽도 소홀할 수 없다는 건 두말하면 잔소리다. 은퇴 이후의 활동 역시 이를 고려해서 선택해야 한다. 몸 쓰는 게 싫다, 머리 쓰는 게 싫다는 핑계는 건강하게 사는 게 싫다는 말과 다르지 않다. 대부분의 레저·스포츠가 동적인 활동일 것이고, 교양·학습활동은 주로 정적인 활동에 해당할 것이다. 취미와 봉사활동에서도 심신의 조화를 고려하자.

여기에 한 가지만 더 덧붙이자면 혼자서, 그리고 둘 또는 셋 이상이 어울려서 함께 할 수 있는 활동을 골고루 하길 바란다. 특히 특정인 한 명에게만 의존하는 활동은 지양했으면 한다. 누가 되었든 결국 한 사람은 먼저 세상을 떠나기 때문이다.

아버지는 젊어서부터 단짝으로 지내던 친구분이 계셨다. 함께 낚시도 다니고 부부 동반으로 어울려 고스톱도 치곤 하셨는데, 그분이 갑자기 돌아가시자 아버지는 꽤 오랫동안 우울증에 시달리셨다. 가족들이 일부러 말을 자주 건네고, 손녀들이 할아버지 앞에서 수시로 재롱을 떠는 등 모두 노력한 끝에 아버지의 우울증은 차츰 나아지셨다. 그 후 아버지는 새로운 친구를 만나서 지방자치단체에서 무료로 운영하는 온천 족욕을 함께 다니며 생기를 되찾으셨다. 하지만 아버지가 알츠하이머로 요양원에 가시게 되면서 그 친구분은 또 어떻게 지내고 계신지 걱정이 되기도 한다.

> # 사기,
> ## 조심 또 조심하자

사기 범죄는 쌍방 과실?

최근 은퇴자나 60세 이상의 노인을 대상으로 한 사기 범죄가 급증하고 있다. 금융감독원에 따르면 2015년 1~8월 기준 전화 금융사기 피해 구제 신청 중 60세 이상의 비중이 16.8%를 차지한다. 또한 경찰청 자료에 따르면 60세 이상 노인을 대상으로 한 사기 범죄가 2011년 1만 306건에서 2014년 2만 2,700건으로 3년 만에 두 배 이상 급증했다. 또한 피해액 1억 원 이상의 거액의 금융사기도 60세 이상이 54%로 절반을 넘었다고 한다.

속이려고 작정하고 달려들면 벗어날 방법이 없다는 말처럼, 사기 사건은 아무리 예방 교육을 해도 한번 걸려들면 빠져나가기가 쉽지 않다.

그렇기는 하지만 나는 사기는 다른 범죄들과는 조금 성격이 다르다고 본다. 사기는 쌍방과실의 성격이 강하다고 생각하기 때문이다.

나쁜 꾀로 남을 속이는 것이 사기이다. 사기의 죄는 기망 행위를 통해 상대방을 착오에 빠뜨리거나 이미 착오에 빠져 있는 상태를 이용하여 재물 또는 재산상의 이득을 취할 때 성립한다. 문제는 사기범죄 피해자가 착오에 빠지는 가장 큰 이유가 다름 아니라 부정이나 탐욕이라는 사실이다.

부정이나 허황된 효과에 대한 기대

물론 전화로 무료 여행상품권에 당첨이 되었다거나, 공무원을 사칭해 기초 수급자 선정 생계비를 지원해준다거나, 자녀가 납치나 교통사고를 당했다며 합의금을 요구하는 등 기발한 수법의 사기가 판을 치고 날로 지능화하고 있는 것도 사실이다.

그러나 전체적으로 보면 피해자의 부정한 마음이나 허황된 효과에 대한 기대, 탐욕으로 사기를 당하는 사례가 훨씬 많다. 예를 들어 취업을 시켜주겠다며 돈을 요구해올 때 사기를 당하는 이유는 부당한 청탁에 가담했기 때문이다. 연예인 초청 공연, 수지침, 안마 등을 공짜로 제공하고 저질 식품을 고가에 판매하는 사기를 당한 경우는 미안한 마음도 작용했겠지만, 애초에 공짜를 바라는 마음이 있었기 때문이다.

그리고 소위 만병통치약이라는 식의 광고에 속아 사기를 당하는 경우도 마찬가지다. 2015년 사기죄로 구속된 조 모 씨는 아이들 키를 크게 하고 심장을 강하게 해준다며 1,000원짜리 건빵을 30만 원에 팔았다. 이 역시 허황된 결과를 기대하는 심리가 화근이었다고 할 수 있다.

탐욕으로 인한 사기

우리가 무엇보다 조심해야 할 것은 피해자의 탐욕 때문에 발생하는 사기이다. 이들 대부분은 금융사기이고 피해 규모도 큰 편이다. 보통 처음에는 약속한 수익 또는 대가를 지불해서 상대를 안심시키고 신뢰를 얻어낸다. 대표적인 사례가 의료기기 임대사업으로 30~40%의 수익을 보장한다며 3만 명을 상대로 4조 원을 가로챈 조희팔 사건이다.

애초에 의료기기를 구매하지도 임대하지도 않는다. 투자자에게 보장한 수익금은 투자자가 낸 돈으로 지급한다. 투자자 입장에서 본다면 자신이 낸 돈을 다달이 나눠서 돌려받는 셈이다. 이렇게 투자자들의 신뢰를 얻게 되면 게임은 끝난다. 사기꾼은 가만히 있어도 된다. 사기에 걸려든 사람들이 자신의 수익금 통장을 보여주며 다른 사람들을 끌어 모아 피해자들이 기하급수적으로 늘어나기 때문이다. 이런 식으로 투자 금액이 절정에 이른 순간 몽땅 정리해서 도망가는 수법을 쓴 것이다.

상식적으로 생각해보자. 투자자에게 40%의 수익금을 주려면 그 이상의 투자수익이 발생해야 한다. 만약 임대수익이 50%라고 한다면 임차자의 입장에서는 2년치 임대료면 의료기기를 구입할 수 있는데 비싼 임대료를 지불하고 임대를 할 리가 만무하다. 이렇게 말도 안 되는 사기를 당한 이유는 바로 '상식'보다 '탐욕'이 컸기 때문이다.

또 대기업 출신의 퇴직자들이 많이 당하는 수법이 있다. 조그만 사업체를 운영하고 있다고 하면서, 대기업 근무 경험이 있으니 자기네 회사 전문경영인이 되어달라고 접근한다. 비서까지 딸린 번듯한 사무실을 제공하고, 한동안 꼬박꼬박 월급도 지급한다. 그러다가 사업을 확장해야 하는데 월급쟁이보다는 이번 기회에 지분을 갖고 제대로 해보는 게 어떠냐며 미끼를 던지는 수법이다. 물론 투자금을 입금한 다음날 모두가 떠나고 텅 빈 사무실에 출근을 해서야 자신이 사기를 당했다는 사실을 알게 된다.

사기 범죄 피하는 법

사기 범죄자들의 공통점은 절대 사기꾼처럼 보이지 않는다는 것이다. 오히려 착하고 순진해 보여서 맨날 사기나 당하고 다닐 사람처럼 보인다. 그러면서 희안하게 돈 냄새를 잘 맡고, 피해자의 약한 고리를 용케 알아내서 치고 들어온다. 작정하고 속이려 드는 사람을 당해낼 재간은 없다.

　하지만 근본적인 방책이 있다. 이들에게 사기를 당하지 않는 방법은 오직 하나뿐이다. 그것은 바로 바른 마음을 가지는 것이다. 땀 흘리지 않고 이득을 보려 하지 않으면 된다. 부정한 청탁이나 수법으로 이득을 보려 하지 않으면 된다. 다른 사람들에게 해를 끼쳐 이득을 보려 하지 않으면 된다. 정당한 대가 이상의 큰 욕심을 부리지 않으면 된다.

누구랑 노후를 보낼까

    은퇴 이후 우리는 누구랑 살고 있을까? 요즘은 자녀와 더불어 노후를 보낼 것이라고 기대하는 사람은 찾아보기 어렵다. 실제로 자녀도 결혼을 하면 분가하여 따로 살기를 바라며, 부모 역시 자녀와 함께 살기를 원하지 않는다. 진학이나 직장 생활 등의 이유로 결혼 전부터 독립을 하는 경우도 허다하다. 결국 노후를 함께 보낼 사람은 남편과 아내뿐이다.

    통계청 자료에 따르면 2015년 기준 한국인의 평균수명은 남성 79.0세, 여성 85.2세로, 여성이 남성보다 6.2세 오래 사는 것으로 나타났다. 예전에 비해 아내가 연상인 부부가 늘어나긴 했지만 남편이 연상인 경우가 대부분이고, 평균적인 부부 나이차가 3~5세인 것을 감안한다면 아내 혼자 지내야 하는 시간이 10년 내외가 된다.

| 초혼 부부의 연령 차 분포 |

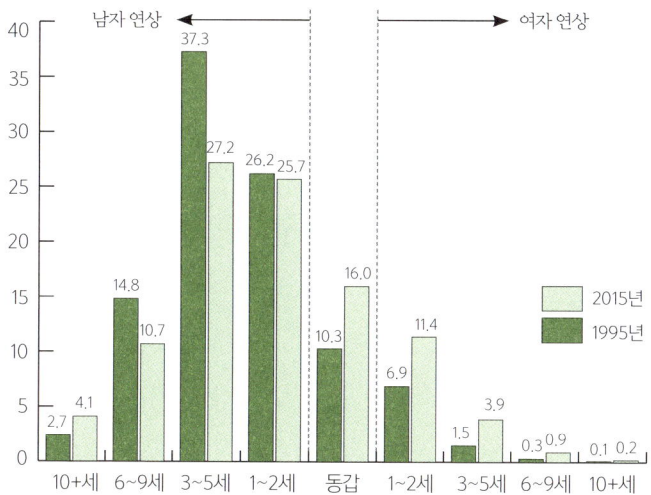

여기서 한번 냉정하게 생각을 해보자. 남편이 연상인 경우 나이가 들어 돌봄이 필요할 때가 되면 과연 누구에게 의존하게 될까? 아들일까, 딸일까? 아니면 아내일까?

이번에는 남편이 먼저 세상을 떠나고 아내가 혼자 남는다면, 그리고 아내도 돌봄이 필요한 상황이 된다면 누구에게 의존하게 될까? 아들일까, 딸일까? 아니면 요양보호사일까?

이미 우리 사회는 구조적으로, 거동이 불편한 부모를 모시고 살기는 어렵게 되었다. 먼저 부모와 자식이 한집에 살지 않을뿐더러 같은 지역에 살지 않는 경우도 많다. 그리고 맞벌이 가구가 전체 부부의 49%를 차지하고 있다.

받아들이기 불편하지만, 이제 우리는 간병이 필요한 노후를 누구와 어디서 보낼 것인지 한 번쯤 생각해보아야 한다.

요양병원과 요양원의 차이

장기화되는 내수경기의 침체 속에서도 호황을 누리고 있는 곳 중의 하나가 어쩌면 요양원과 요양병원일 것이다. 그러나 이 둘의 차이에 대해 제대로 알고 있는 사람은 많지 않은 것 같다.

요양원에 대한 과거의 인식은 다소 부정적이었던 것이 사실이다. 내 어머니의 경우만 하더라도 그렇다. 아버지의 알츠하이머 증세가 심화되면서 몇 번이고 아버지를 요양원으로 모시자고 했지만 어머니는 당신이 두 눈 멀쩡히 뜨고 살아 있는데 왜 아버지를 그런 곳으로 모시냐며 극구 반대하셨다.

지금도 그 당시 내가 왜 좀 더 적극적으로 어머니를 설득하지 못했을까 후회가 막심하다. 결국 멀쩡하시던 어머니가 먼저 뇌출혈로 쓰러지셨고, 긴급 수술을 받았지만 오른쪽 수족이 마비되는 증상에 수술로 인한 출혈성 치매까지 겹쳐 요양병원 신세를 지게 되셨기 때문이다.

요양원은 의료기관이 아닌 사회복지시설로, 노인장기요양보험의 적용을 받는다. 치매 등으로 장기요양등급을 받은 사람이 치료보다는 돌봄 서비스가 필요할 경우에는 요양병원보다는 요양원을 이용하기를 권한다. 요양병원의 요양보호사 숫자는 요양원의 절반에 못 미친다. 또한 요양원에서는 거동에 문제가 없는 경우 가급적 병상보다는 로비나 휴게 공간에서 대부분의 시간을 보내도록 유도하며, 식사도 식당에 모여 함께한다. 거동이 불편한 입소자도 식사 시간만큼은 휠체어에 태워서라도 다른 입소자들과 함께 식사를 하도록 한다.

그러나 요양병원의 경우 일반 병원이 그런 것처럼 거동이 가능한 사람도 병상에서 식사를 하는 시스템이어서 대부분의 시간을 병상에서 보내게 하는 경향이 있다. 보호자의 동의하에 행동억제제를 사용하는 경우도 있는데, 이것이 가끔 문제가 되기도 한다.

어머니는 수술 후 지속적인 치료와 간병이 필요해서 요양병원으로 모셨고, 그 때문에 아버지도 함께 요양병원으로 가실 수밖에 없었다. 그런데 정확한 이유는 알 수 없지만 멀쩡하게 걸어서 요양병원으로 가신 지 불과 두 달 만에 아버지는 걷기는커녕 밥숟가락도 못 드는 상태가 되고 말았다. 이 때문에 아버지와 어머니를 함께 요양원으로 옮겼고, 아버지는 요양원으로 옮기신 후 6개월여 만에 이전처럼 움직임을 회복하셨다.

정리하자면 요양병원은 치료와 돌봄 기능을, 요양원은 돌봄 기능을 담당한다. 따라서 치료가 주목적이라면 요양병원을, 돌봄이 주목적이라면 요양원을 이용하는 것이 바람직하다.

다음 표에서 보는 바와 같이 요양병원과 요양원은 시설 기준,

비용, 대상에 이르기까지 차이가 확연하므로 어떤 시설을 이용하는 것이 유리할지 제대로 알아보고 판단하자.

| 요양병원과 요양원 비교 |

구분	요양병원	요양원
의사	연평균 입원 환자 40명당 1명	촉탁의가 월 2회 방문
간호사	연평균 입원환자 6명당 1명 (2/3는 간호조무사 가능)	입소자 25명당 1명 (간호사 또는 간호조무사)
요양보호사 또는 간병인	필수사항 아님, 간병이 필요할 경우 별도로 간병비 지불	입소자 2.5명당 1명 간병비는 건강보험 적용
사회복지사	1병원당 1명	입소자 100명당 1명
물리치료사	입원환자 100명당 1명	입소자 100명당 1명
시설 기준	의료법 규정에 따름	노인복지법 기준에 따름
적용 보험	국민건강보험	노인장기요양보험
입원 대상	노인성 질환자, 만성 질환자	요양등급 1, 2등급(3등급은 시설보호 의견이 있으면 가능)
입원 비용	1개월에 약 40만~50만 원 간병비 약 40만~50만 원(선택)	1개월에 약 40만~50만 원
병원 진료비	별도 부담 없음	별도 부담
식비	본인 부담 50%	본인 부담 100%

최근 요양병원과 요양원이 급속도로 늘어나고 있고, 그 입지나 시설의 상태도 천차만별이다. 그러나 시설 이용에 따른 비용은 법적으로 정해져 있어서 시설이 고급스럽다 해서 비용이 비싸고 그렇지 않다고 저렴한 것은 아니다. 어차피 요양병원과 요양원은 건강보험이나 장기요양보험을 적용받아 80~85%를 지원받는다.

그런데 15~20%에 불과한 입소자의 자부담 비용을 할인해주겠다며 접근하는 브로커들이 있으니 조심해야 한다. 만약 불법적인 할인을 받고 입소할 경우 부당한 대우를 받더라도 법적인 보호를 받을 수 없다.

한편 시설을 선택할 때 이전에는 공기 맑고 경치 좋은 한적한 곳을 선호하는 경향이 있었다. 그러나 사실 요양병원이나 요양원을 이용하는 이들은 대부분 치매환자이거나 거동이 불편한 상태이므로 어쩌면 주변 경관은 큰 의미가 없다. 오히려 가족들이 자주 찾아갈 수 있도록 집이나 직장에서 가깝고 교통이 편리한 곳이 훨씬 나을 것이다.

또한 같은 요양병원과 요양원이라 할지라도 병원장, 요양원장의 운영 철학과 시설 및 직원 관리 실태에 따라 많은 차이가 있으므로 반드시 두 차례 이상 직접 방문해보아야 한다. 첫 방문 때는 담당자를 만나 상담을 받고 담당자의 안내로 시설을 둘러보겠지만, 그다음에는 두세 차례 불시에 방문해 해당 시설 직원들이 환자를 돌보는 모습을 살펴보길 권한다. 그래야만 그들이 입소자를 얼마나 진심으로 대하고 있는지 알 수 있다.

입소자를 돌보는 것은 고급스러운 시설이 아니라 측은지심을 가진 사람이기 때문이다. 시설 방문을 갔을 때 환자나 입소자를 꼭 한번 안아보기 바란다. 환자나 입소자를 제대로 돌보는 시설이라면 아마도 그들에게서 좋은 향기가 날 것이다.

실버타운

노후를 가족들과 함께 보낼 수 있다면 그것은 어쩌면 축복이다. 그러나 노인성질환으로 또는 거동이 불편해서 돌봄이 필요한 경우라면 어쩔 수 없이 요양병원이나 요양원 신세를 질 수밖에 없다. 그런데 비교적 건강 상태가 양호하고 혼자서 기본적인 생활이 가능하더라도 가족과 함께 살 수 없는 경우도 있다. 이 경우 어느 정도 경제적인 여유가 있다면 실버타운도 고려해볼 만하다.

장기요양등급을 받지 못하면 요양병원이나 요양원에 입소 자체를 할 수 없으며, 입소하더라도 정신이 맑은 분의 경우 주위의 중증환자들로부터 받는 스트레스도 무시하지 못한다.

현재 전국적으로 약 100여 개의 실버타운이 있는데, 시설이나 규모에 따라 입주보증금은 480만 원에서 9억 2,000만 원까지, 생활비는 75만 원에서 400만 원까지 천차만별이다. 대체로 편의시설이 잘 갖춰져 있고 사회복지사와 간호 인력도 상주하고 있어 삶의 질로 따지자면 요양병원이나 요양원에 비해 월등하다 하겠다.

실버타운은 입지에 따라 도심형과 전원형, 그리고 시설적인 면에서 고급형과 실속형으로 구분할 수 있다. 고급형의 경우 실내수영장과 골프장, 휘트니스 클럽 등 다양한 편의시설을 갖추고 있으며, 실속형의 경우에도 게이트볼장, 탁구장, 당구장, 찜질방, 노래방, 휴게실과 함께 텃밭까지 갖추고 있는 데가 있어서 다양한 여가활동을 즐기기에 적합하다.

문제는 실버타운이 의료기관도 사회복지시설도 아닌 민간 주

| 전국 주요 실버타운 입주보증금 |

구분	실버타운명	평형	입주보증금(만 원)	위치
1	더 클래식 500	56	92,000	서울
2	노블레스 타워	33	37,500	서울
3	서울시니어스 가양타워	25	36,876	서울
4	정원속 궁전	31	34,900	성남
5	서울시니어스 분당타워	25	32,692	성남
6	서울시니어스 강서타워	25	32,000	서울
7	삼성노블카운티	30	31,200	용인
8	골든팰리스	21	31,000	서울
9	그레이스 힐	24	30,000	서울
10	마리스텔라	24	29,100	인천
11	서울시니어스 서울타워	23	27,300	서울
12	유당마을	27	20,900	수원
13	하이원빌리지	22	20,400	서울
14	더케이 서드에이지	32	16,000	경남
15	생명숲 실버하우스	15	13,000	용인
16	청심빌리지	22	10,563	가평
17	동해약천온천 실버타운	24	10,300	강원
18	포천 실버타운	16	10,000	포천
19	미리내 실버타운	21	10,000	안성
20	흰돌 실버타운	17	9,000	부산
21	수동 시니어타운	16	81,000	남양주
22	내장산 실버아파트	28	71,000	전북
23	월명 성모의 집	15	6,600	경북
24	공주 원로원	15	6,000	충남
25	일붕 실버랜드	15	5,000	경남
26	벽향그린 실버타운	10	4,000	전북
27	김제부영 실버타운	23	3,670	전남
28	더 드림 실버타운	5	480	전남

거 시설로 규정되어 있어 행정기관의 관리감독이 소홀하다는 점이다. 실제로 중소 규모의 실버타운들이 부실 경영에 허덕이고 있으며, 이들이 파산하면서 입주해 살던 노인들이 보증금을 돌려받지 못하는 피해 사례도 잇따르고 있다고 한다. 따라서 제도적인 뒷받침이 이뤄지기까지는 실버타운 입주 시 이러한 피해를 입지 않도록 각별히 유의해야 하겠다. 그러기 위해선 해당 기업의 재무 구조나 신용 정보를 알아보는 것이 최선이겠지만, 이 서비스는 대부분 유료로 제공된다는 것이 아쉬운 점이다.

주야간보호센터와 방문요양서비스

시설에 입소해서 24시간 보호를 받을 필요가 없다면, 주간 또는 야간에 시설 내에서 돌봄 서비스를 제공해주는 주야간보호센터를 이용할 수 있다. 노인장기요양등급 인정자 중 2~5등급에 해당하거나, 요양등급을 받지 않았더라도 치매 등 노인성 질환으로 돌봄이 필요한 사람이 대상이다. 그리고 장기요양등급 1~2등급에 해당한다면 방문요양서비스를 받을 수노 있다.

본인 부담금은 주야간보호의 경우 장기요양급여의 20%, 방문요양서비스의 경우 15%를 부담한다. 보다 자세한 내용은 건강보험공단에 문의해보기 바란다.

> *삶의 마침표,*
> *웰다잉을 고민하자*

웰빙의 마지막 단계는 웰다잉

웰빙(well-being)이란 말은 익히 들어보았을 것이다. 웰빙의 사전적 의미는 육체적, 정신적 건강의 조화를 통해 행복하고 아름다운 삶을 추구하는 삶의 유형이나 문화를 통틀어 일컫는 개념이다. 복지, 행복, 안녕을 뜻하는 이 웰빙이라는 용어는 2000년 이후 본격적으로 나타나기 시작했다.

그 이전으로 거슬러올라가면, 1980년대 중반 유럽에서 시작된 슬로푸드(slow food) 운동과 1990년대 초 느리게 살자는 기치를 내걸고 등장한 슬로비족(slobbie), 부르주아의 물질적 실리와 보헤미안의 정신적 풍요를 동시에 추구하는 보보스(bobos) 등도 웰빙의

한 형태였다고 볼 수 있다.

슬로푸드란 패스트푸드를 반대하는 대안적 식생활 문화운동을 가리키는 말이다. 슬로비족이란 말은 천천히, 그러나 더 훌륭하게 일하는 사람(slow but better working people)의 약칭으로서, 숨가쁘게 돌아가는 현대생활의 속도를 늦춰 보다 천천히 그리고 느긋하게 살자고 주장하며 물질보다 마음을, 출세보다 자녀를 중시하는 사람들을 가리킨다. 보보스는 이윤지향적인 부르주아 문화와 자유분방한 보헤미안 문화의 결합을 추구하는 디지털 시대의 새로운 엘리트 계층을 지칭하는 말이다.

그런데 행복한 삶을 추구하는 웰빙의 마지막 단계는 다름 아닌 웰다잉(well-dying), 즉 행복한 죽음이라고 한다.

존엄한 죽음을 위한 웰다잉법

몇 년 전 꽤 늦은 결혼을 해서 지리산으로 귀농한 친구의 아버지가 말기암 선고를 받았다. 친구는 수술을 권했지만 아버지는 좀 더 살기 위해 완치 가능성도 없는 수술을 받고 병실에 누워서 생을 마감하는 것보다 남은 생을 아들, 며느리, 손녀들과 함께 지내길 원했다.

그러던 어느 날 새삼스럽게 목욕탕에 가고 싶다 하셔서 친구가 아버지를 모시고 목욕탕에 다녀왔다고 한다. 그날 저녁 담배를 연이어 두 개피를 피우신 후, "행복했다, 수술은 내가 원치 않은 것이니 마음에 두지 마라"고 말씀하곤 잠자리에 드셨는데 다음날 돌아가셨다고 한다.

별세 자체는 가슴 아픈 일이지만, 당하는 죽음이 아니라 맞이하는 죽음, 살아온 날을 아름답게 정리하는 평안한 마무리는 그야말로 웰빙의 마지막 단계를 실천한 것이라 생각한다.

의학 기술의 발달로 수명은 갈수록 늘어나고 각종 노인성 질병이 증가하고 있는 반면, 점점 가족의 기능이 해체되고 1인 가구가 늘어나면서 고독사가 급증하고 있다. 이에 품위 있는 죽음, 존엄한 죽음, 맞이하는 죽음을 준비하는 웰다잉에 대한 관심이 높아지고 있다.

이미 2013년에 한국 웰다잉협회가 생겼고, 회복 가능성이 없는 환자에 대한 연명의료를 중단할 수 있도록 한 '호스피스·완화 의료 및 임종 과정에 있는 환자의 연명의료 결정에 관한 법률'인 이른바 '웰다잉법(존엄사법)' 시행령안이 2016년 1월 8일 국회 본회의를 통과해 2017년 8월부터 본격 시행되었다.

이 법은 죽음이 수일 내지 수주 이내로 임박한 환자에게만 적용되며, 환자가 임종 시기에 있는지는 담당의사와 해당 분야 전문의 1명이 판단한다. 연명의료라 함은 임종을 앞두고 있는 환자에게 할 수 있는 심폐소생술과 혈액 투석, 항암제 투여, 인공호흡기 착용으로 한정했다. 대상 환자는 말기암환자를 비롯해 만성폐질환, 간경변, 에이즈환자이다.

웰다잉을 위한 사전 준비

2013년 3월 6일에 방송된 CNBC 〈집중분석 takE〉에서 웰다잉 10계명에 대해 소개했다.

첫째, 버킷 리스트 작성하기

둘째, 건강 체크하기

셋째, 유언장 또는 자서전 작성하기

넷째, 고독사 예방하기

다섯째, 장례 계획 세우기

여섯째, 자성의 시간 갖기

일곱째, 마음의 빚 청산하기

여덟째, 자원 봉사하기

아홉째, 추억 물품 보관하기

열째, 사전의료의향서 작성하기

이 가운데 마지막에 소개한 사전의료의향서는 웰다잉을 준비하기 위해 필수적인 부분이라 할 수 있다. 연명의료 중단 결정 및 호스피스에 관한 환자의 의사를 나타내는 문서로는 19세 이상인 사람이 직접 작성하는 '사전연명의료의향서'와 말기 환자 등의 의사에 따라 담당의사가 작성하는 '연명의료계획서'가 있다.

사전의료의향서와 더불어 사전장례의향서를 작성하는 것도 매우 중요한 일이다. 사전장례의향서는 자신의 사후 부고를 알릴

범위, 장례 방식과 절차, 부의금을 받을 것인지 등 장례에 관한 제반 당부 사항을 적어둔 일종의 유언장이다. 장례식장에서 종종 볼 수 있는, 장례 절차를 둘러싼 가족들의 분쟁을 사전에 예방하고, 나아가 장례 절차를 간소화함으로써 불합리한 장례 비용을 줄여 자녀들의 부담을 덜어주고자 하는 데 목적이 있다.

마지막으로 2014년 《리빙센스》 12월 호에 소개된 '웰다잉을 위해 오늘부터 하는 실천 13가지'와 웰다잉을 생각하게 하는 좋은 영화 네 편을 소개하고자 한다. 오늘부터 한 가지씩 실천해보고, 영화도 꼭 감상해보기 바란다.

웰다잉을 위해 오늘부터 하는 실천 13가지
- 부부가 함께 의논하기
- '잊힐 권리' 지키기
- 엔딩 노트 쓰기
- 자신의 이야기 기록하기
- 무조건 희생하지 말기
- 가훈 정하기
- 기념일 챙기기
- 아껴두지 말기
- 주기적으로 가족사진 찍기
- 영상 남기기
- 자녀에게 죽음 교육하기

- 매일 밤 감사 노트(행복 노트) 적기

웰다잉을 생각하게 하는 좋은 영화 네 편
- 〈안녕, 헤이즐〉, 2014년, 쉐일린 우들리, 안셀 엘고트, 냇 울프, 윌렘 주연
- 〈엔딩 노트〉, 2012년, 한지민, 마미 스나다 주연
- 〈버킷 리스트 – 죽기 전에 꼭 하고 싶은 것들〉, 2007년, 잭 니콜슨, 모건 프리먼 주연
- 〈어바웃 타임〉, 2013년, 돔놀 글리슨, 레이첼 맥아담스 주연

에필로그

여유로운 태도로 마음 따뜻한 겨울을 기다리자

건처재사우취

출생과 함께 시작된 첫 번째 인생은 마음대로 선택할 수 없었지만, 새롭게 펼쳐질 제2의 인생은 자신의 의지로 만들어갈 수 있다. 여기 노후를 위해 준비해야 할 여섯 가지가 있다. 건강과 가족, 은퇴 자산과 일거리, 친구와 취미가 그것이다.

- 건(健) : 건강
- 처(妻) : 가족 관계
- 재(財) : 은퇴 자산
- 사(事) : 직업, 일거리
- 우(友) : 친구
- 취(趣) : 취미

출처가 어디인지, 누구의 생각인지 알 수 없지만 생각하면 할수록 아주 훌륭하다. 꼭 필요한 요소들로 간단명료하게 표현된 것은 물론이거니와 우선순위도 제대로 정리되었다.

2014년 KDB대우증권 미래설계연구소에서 50세 이상, 잔고 1,000만 원 이상인 고객 980명을 대상으로 실시한 설문조사에서도 재미있는 결과가 나왔다. 은퇴 후 행복한 노후를 위해 꼭 필요한 것으로 건강, 돈, 배우자, 취미생활, 친구를 꼽았는데, 남성은 건강(29%) - 배우자(23%) - 돈(22%)의 순으로, 여성은 건강(28%) - 돈(26%) - 배우자(16%)의 순으로 응답해 남녀 간의 묘한 생각 차이를 보였다.

이 밖에도 살아오며 후회스러운 점으로 '일과 인간관계'의 측면에서는 평생 가능한 취미를 못 가진 점(18%)과 자녀와의 대화 부족(13%)을, '돈과 삶'의 측면에서는 저축 부족(16%)과 더 많은 도전을 못한 점(11%)을 꼽았다. 그리고 은퇴 후 하지 않으면 후회할 일에 대해서는 건강 관리가 43%로 압도적이었고, 그다음으로 해외 여행(16%)과 취미 활동(13%)의 순이었다.

다시 은퇴를 위해 반드시 준비해야 할 여섯 가지 이야기로 돌아가보자. 이들 여섯 가지 중 건처와 재사, 그리고 우취는 그럴 듯한 이유가 있는 짝이 된다.

건처(健妻) : 건강과 가족

첫 번째, 건강을 최우선으로 두는 데는 이견이 없을 것이다. "여행은 다리가 떨릴 때 가는 것이 아니라 가슴이 떨릴 때 가는 것이다"라는 말이 있다. 건강을 잃는다면 가족에게도 짐이 될뿐더러 돈도 친구도 취미도 의미가 없다.

두 번째, 처는 아내만을 일컫는 것이 아니라 배우자와 자녀를 포함한 가족관계를 의미한다. 가화만사성(家和萬事成), 즉 가정이 화목해야 모든 일이 잘 이루어진다는 것은 고금의 진리가 아닌가!

건과 처, 자신을 비롯한 온 가족의 건강과 화목은 행복한 노후의 전제조건이라 할 수 있다.

재사(財事): 은퇴 자산과 일

세 번째, 재는 은퇴 자산을 의미한다. 자의든 타의든 죽을 때까지 현역으로 일할 수 있는 경우는 희박하다. 노동시장에서 물러난 이후 꽤 오랜 세월을 살아야 하므로 자산의 수명이 자신의 수명보다는 길어야 한다.

네 번째, 사는 직업이요 일이다. 이것은 생계유지의 수단일 뿐만 아니라 사회적 관계망을 만들어줌으로써 소속감과 존재감을 느낄 수 있게 해준다.

재와 사, 우리는 직업을 통해 생계를 유지하며 은퇴 자산을 모은다. 은퇴 이후에도 소일거리를 가짐으로써 아무것도 할 것이 없는 것으로 인한 고통, 즉 무위고(無爲苦)로부터 벗어날 수 있으며, 은퇴 자산의 빠른 소진을 막을 수 있다.

우취(友趣) : 벗과 취미

다섯 번째, 우는 가깝게 오래 사귄 사람, 친구(親舊)를 말한다. 어쩌면 한집에서 함께 살면서 끼니를 같이하는 사람인 식구(食口)만큼이나 소중하여 오죽하면 "부모 팔아 친구 산다"는 말까지 있으랴! 100세를 살아가는 데 길동무가 필요하단 것은 두말하면 잔소리가 아니겠는가!

여섯 번째, 취는 취미이다. 책임과 의무로서가 아니라 좋아해서 즐기기 위해 하는 것이다. 오락거리일 수도 있고, 레저, 스포츠, 학습, 교양, 봉사 등 다양한 분야의 활동일 수도 있다.

우와 취, 친구가 있다한들 100세까지 술만 마시고 지낼 수도 없는 노릇이고, 좋아하는 취미가 있다한들 함께할 친구가 없다면 김빠진 콜라가 아닐까?

살아온 방식과 각자의 가치관 및 철학에 따라 은퇴 이후 행복한 삶을 위해 필요하다고 생각하는 요소들이 다를 수도 있고, 그 우선순위가 다를 수도 있다. 하지만 어찌 됐든 이제는 한번쯤 은퇴 이후에 대한 자신의 생각을 정리해볼 필요가 있다.

부자든 빈자든 누구나 은퇴의 관문을 통과하기 마련이다. 그 이후에도 한 푼이라도 더 벌기 위해 기력이 다할 때까지 일에 매달리다 결국 병상에서 슬픈 눈으로 죽음을 맞이하는 사람도 있고, 다양한 사회활동을 통해 제2의 인생을 즐기다 편안한 미소를 지으며 생을 마감하는 사람도 있다.

인생을 사계절에 비유한다면 정년과 함께 가을이 시작된다 할 수 있을 것이다. 혹한의 겨울을 걱정하며 노심초사하는 마음으로 떨어지는 낙엽을 보며 비애에 잠겨 있을 것이 아니라, 땀 흘려 얻은 결실에 감사하며 여유로운 태도로 가을의 정취를 즐기며 마음 따뜻한 겨울을 기다려야 하지 않을까?